高等师范专科小学教育专业(公共课)

人文社会科学基础
学习指导书

(修订版)

胡治华　高　侠　胡翼青　编

首都师范大学出版社

图书在版编目(CIP)数据

人文社会科学基础学习指导书 / 胡治华，高侠，胡翼青编. －北京：首都师范大学出版社，2004.7(修订版)(2020.11重印)

ISBN 978-7-81064-139-5

Ⅰ. 人…　Ⅱ. ①胡…　②高…　③胡…　Ⅲ. 社会科学－高等学校－教学参考资料　Ⅳ. ①CO

中国版本图书馆 CIP 数据核字(2000)第 01634 号

RENWEN SHEHUI KEXUE JICHU XUEXI ZHIDAOSHU

人文社会科学基础学习指导书

(修订版)

胡治华　高　侠　胡翼青　编

首都师范大学出版社出版发行

地　址　北京西三环北路 105 号

邮　编　100048

电　话　68418523(总编室)　68982468(发行部)

网　址　cnupn. com. cn

E-mail　master@cnupn. com. cn

印　刷　三河市博文印刷有限公司

经　销　全国新华书店

版　次　2004 年 7 月第 2 版

印　次　2020 年 11 月第 25 次印刷

开　本　890mm×1240mm　1/32

印　张　7. 375

字　数　195 千

定　价　15. 00 元

修 订 说 明

本书是配合丁柏铨(南京大学)、胡治华(江南大学)主编的《人文社会科学基础》首都师范大学出版社 2004 年 7 月(修订版)学习而编写的辅导书。本书依据小学教师进修高等师范专科小学教育专业(理科方向)《人文社会科学基础》教学大纲,对原教材内容的要点进行概括,突出重点,并对部分难点作必要的提示。每章均包括学习目标与要求、知识结构、重点辅导、难点提示、学习建议、自测题及参考答案。

《人文社会科学基础》是教育部师范教育司在组织有关专家反复论证的基础上决定编写的实验教材。全书分为三个部分,分别阐释人文社会科学的基础知识,20 世纪人文社会科学的重要进展及发展趋势,人文社会科学发展与初等教育改革的关系。人文社会科学基础课程的设置及教材的编著,体现了面向 21 世纪改革高等师范教育教学内容和课程体系的精神。

这本指导书(修订版)由《人文社会科学基础》主编之一胡治华以及高侠(江南大学)和胡翼青(南京大学)共同编写;其中,高侠负责第五章以及第六章管理学部分的改写与增补,胡翼青负责第三章以及第六章传播学部分的改写与增补。书后附录一《人文社会科学基础》教学大纲 1998 年春在师范教育司主持下由丁柏铨(南京大学)、胡治华共同商议框架,胡治华执笔,陈辽(江苏省社会科学院)审定;在大纲修订过程中,杨立强(复旦大学)、汤逸中(华东师范大学)、杨德壬(上海师范大学)、李春生(原上海教育学院)、蒋成瑀(浙江教育学院)等十多位专家教授曾对该大纲提出了宝贵的意见。附录二由胡治华、高侠编撰,附录三由胡治华、高侠、胡翼青编制。

目 录

第二章　人文社会科学的社会功能

第三章　人文社会科学的研究方法

第二编　人文社会科学的现状考察

第四章　20 世纪人文社会科学发展综述

RENWEN SHEHUI KEXUE JICHU

附录

RENWEN SHEHUI KEXUE JICHU

XU YAN 绪 言

学习目标与要求

人文社会科学是现代科学体系中同自然科学并列的一大科学部类。这个概念在我国日益得到广泛的认同。1998 年 9 月，江泽民题词："把中国社会科学院研究生院办成一流的人文社会科学人才培养基地"。多数学习者可能对社会科学的概念比较熟悉，一部分人了解人文科学的概念，但是很多人可能对人文社会科学这一概念感到生疏。学习"绪言"，要求对本课程的这个核心概念有一个初步的了解。

人文社会科学基础这门综合基础课程的设置带有探索性、实验性，是适应当代科学文化发展和基础教育改革的迫切要求而进行的尝试。要求了解人文社会科学基础课程的性质、目的和意义，了解《人文社会科学基础》内容的轮廓，以及学习的原则和方法。

知 识 结 构

一、人文社会科学基础课程的性质

人文社会科学基础课程，是小学教师进修高等师范专科小学教育专业的综合基础课程之一；课程设置具有探索性。

二、学习《人文社会科学基础》的意义和目的

学习人文社会科学基础知识是迎接新时代的挑战，造就适应科学文化发展主潮、具有综合性知识结构的高素质教师队伍的迫切要求。

三、《人文社会科学基础》的基本内容

全书十章，共分三编。第一、二、三章分别阐述人文社会科学的基本含义、社会功能及研究方法，讨论“什么是人文社会科学”的问题；第四至第八章采取“总—分—总”的结构模式，着重介绍当代人文社会科学的现状和发展趋势；第九、十两章则阐述人文社会科学同初等教育改革的关系。

四、《人文社会科学基础》的学习原则和学习方法

要求运用马克思主义的立场、观点、方法，确立解放思想、实事求是、与时俱进的科学态度，认真对待课程学习；把现代人文社会科学的相关理论观念同我国初等教育改革与发展的实践、同教育工作者自身的工作与进修的实践结合起来。

建议学习者拓宽视野，针对一两个实际问题，尝试进行文理结合的实证性研究和理论性探讨；学习过程中要充分利用教材编制的“重点提示”和“要点归纳”，并参考教材的“问题探讨”继续进修。

重 点 辅 导

“绪言”的重点为：本课程开设的意义、目的、内容轮廓、学习方法。这里特别要着重了解课程的意义和目的。

科学技术是第一生产力。科学包括人文社会科学。世界正在经历一场新的科学革命，社会面临空前广泛、深刻而急剧的变革。“科教兴国”是我国社会主义现代化的基本战略之一，要求大力推进自然科学和人文社会科学的沟通和融合，全面提高全民族的科学文化素质，培养兼晓文理，善于综合掌握和创造性运用信息、知识的人才。为了造就适应科学发展主潮、具有综合性知识结构的高素质小学教师队伍，国家教育部（原国家教委）师范教育司于1997年颁发的《小学教师进修高等师范专科小学教育专业（理科方向）教学计划（试行）》，将必修课程分为政治理论课、教育理论与技能课、综合基础课、理科专业基础课四类。人文社会科学基础与计算机技术、基础外语共同构成综合基础课。

人文社会科学基础课程的目的在于：开拓科学文化视野，逐步建立合理的知识结构，汲取人文社会科学的新成果、新方法，处理好初等教育中理科教育和文科教育的关系。具体要求是：一、了解人文社会科学的基础知识，了解人文社会科学在物质文明和精神文明建设中的地位和作用，了解现代人文社会科学的概貌，以及人文社会科学发展与初等教育改革的关系；二、理解人文社会科学与自然科学的区别和联系，初步确立完整的现代科学文化观念；三、学习运用人文社会科学的知识、观点、方法分析问题，提高初等教育中文理互补互渗、开展综合性教育的理性认识和实践能力。《人文社会科学基础》教材的编写，体现了上述目的和具体要求。

难 点 提 示

“绪言”强调，学习《人文社会科学基础》的一个重要指导思想，是把科学理解为“人类对客观世界的认识过程”。这就是说，人类迄今为止所获得的科学知识，无论是自然科学还是人文社会科学知识，都是人类对客观世界认识的阶段性成果，而不是认识的终结；科学是一条没有尽头的后浪推前浪的长河。我国著名科学家钱学森说过这样一番话：“社会科学研究客观世界的着眼点和角度是人类社会的发展运动；社会的内部运动；也研究客观世界对人类社会发展运动的影响，如环境、生态、能源、资源等。人们也许要问，这样就不能说社会科学是以整个客观世界为研究对象的，人类社会只存在于地球上嘛。但，我们应该回顾一下，不就在短短的几百年前，我们还不知道地球呢，还以为地球只存在于天圆地方的一块小国土上呢！而且现在我们也知道太阳的活动影响我们的经济，因为它影响地球上的气候和地球上的无线电通信。至于说将来，人类社会活动还会通过航天技术以及宇航技术的发展扩大到整个太阳系和太阳系以外，社会科学怎么不是研究整个客观世界呢？"（《论系统工程》，湖南科学技术出版社 1988 年版，第 297～299 页）仅从研究对象的范围不断拓展这一点看，科学始终处在动态的发展过程之中。

学 习 建 议

"绪言"主要是解决三个问题：为什么要学一点人文社会科学的基础知识？着重学哪几个部分内容？学习这门课程的指导原则和主要方法是什么？学习者要联系实际，注意防止低估这门课程的意义，克服可能出现的畏难情绪。

自 测 题

一、语词解释

1. 两大科学部类

2. 科学学

二、填空题

1. 在现代科学体系中，与________科学相联结、相对应的人文社会科学，是经历了较充分的分化之后逐步走向________的________科学与社会科学的总称。

2. 当代人类由电力时代迈向________，人类的经济结构、社会结构、生活环境、活动空间、工作对象、________、________、

________、________，面临空前广泛、深刻而急剧的变革。

3. 学习《人文社会科学基础》的重要指导思想是____；基本指导思想是____。

4. 培养兼晓________，善于综合掌握和创造性运用信息、运用知识的人才，已构成激烈的国际性竞争的焦点。

5. 当代教育被推到了历史大舞台的前沿，必须造就一大批适应________主潮、具有________知识结构的高素质教师。

三、选择题

1. 人类耕种技术体系形成的时间，迄今约为(　　)

A. 10000 年前　　B. 5000 年前

C. 3000 年前　　D. 1000 年前

2. 有学者认为，人文社会科学成为公众最注意和最寄予希望的科学的时段为(　　)

A. 300 年前后　　B. 200 年前后

C. 100 年前后　　D. 近半个世纪以来

3. 现代科学革命的发展主潮是(　　)

A. 自然科学和人文社会科学进一步分化。

B. 现代科学在高度分化的基础上，新门类、新学科不断出现。

C. 现代科学在高度分化的基础上趋于综合化、整体化。

D. 科学和技术之间的区分日益明显。

四、简答题

1. 学习人文社会科学基础这门课程的目的是什么？

2.《人文社会科学基础》有哪些主要内容？

五、论述题

1998 年 4 月北京某报登载了这样一则消息：有所小学让学生填家庭情况表，其中有“家庭出身”一栏，小学生都填成“医院出身”。年轻的老师指导说：“‘家庭出身’要填父母是干什么的。”再次收上表格，学生有填“家庭出身：开会”，有填：“家庭出身：打麻将”，有填“家庭出身：炒股票”，等等，五花八门。

请联系这件事，说说你对“现代教育问题需要综合各种不同的知识才有可能得到解决”、小学任课教师“不能只具有某一领域的专门知识而又可以对其他领域一无所知”这类观点的体会。

参考答案

一、语词解释

1. 自然科学，人文社会科学。

2. 以科学自身为对象进行系统研究的学科。

二、填空题

1. 自然　一体化　人文

2. 信息社会　行为方式　思维方法　思想观念　心理状态

3. 把科学理解为“人类对客观世界的认识过程”　马克思主义的立场、观点、方法，解放思想、实事求是、与时俱进的科学精神

4. 文理

5. 科学发展主潮　综合性

三、选择题

1. C　2. D　3. C

四、简答题

1. 开拓科学文化视野，逐步建立合理的知识结构，汲取人文社会科学的新成果、新方法，处理好初等教育中理科教育和文科教育的关系。

2. 教材分为三个部分，分别阐释人文社会科学基础知识，20 世纪人文社会科学的重要进展及发展趋势，人文社会科学发展与初等教育的关系。

五、论述题

答案要点：初等教育的对象是初涉人世的儿童，天真而幼稚。要科学而又艺术地把他们引上健康发展的道路，必须运用有关人和社会的科学理论和方法进行综合探讨。报载的这则消息，既涉及时代政治背景、社会风气、文化环境等问题，又与教师对儿童心理、教育艺术的把握相关。要深入分析、切实解决好此类问题，仅仅依靠某一学科的知识是远远不够的。

第一编

人文社会科学的基础知识

学习目标与要求

第一编共分三章，第一章讨论人文社会科学的基本含义，第二章讨论人文社会科学的社会功能，第三章讨论人文社会科学的研究方法。这三章，可以说是“人文社会科学入门”，是整个课程学习的基础。

学习的要求是：

△了解人文社会科学的内涵、结构，基本特征，发展规律。

△理解人文社会科学的社会功能。

△理解人文社会科学的研究方法。

△在学习过程中联系教育教学实际，初步运用上述知识解说教育学在人文社会科学中的地位及其社会功能。

DI YI ZHANG 第一章

人文社会科学概说

学习目标与要求

第一编的三章，从不同的角度回答什么是人文社会科学的问题。三章中第一章最重要，直接而概括地阐述了人文社会科学的内涵。学习第一章，要全面了解人文社会科学这个核心概念及其相关基本概念和基本原理的含义。学习第一章的具体要求是：

1. 了解人文社会科学的基本内涵、结构体系、发展过程。
2. 了解人文社会科学的基本特征。
3. 了解人文社会科学的发展规律。
4. 初步思考教育学在人文社会科学中的地位。

知 识 结 构

第一章共分三小节。第一节开宗明义，从人文社会科学研究的对象和目的、人文社会科学的主干学科和结构体系、人文社会科学的发展历程三个方面阐明人文社会科学的基本含义。第二节首先概括人文社会科学作为科学而具有的共同特征；然后讨论人文社会科学作为科学的一个部类而具有的个性特征，即一般具有某种价值关联性，主要表现为部分学科在阶级社会中一般具有某种阶级倾向性、通常体现出一定的民族性、通常具有比较鲜明的时代性。第三节从人类社会实践与人文社会科学理论的关系、社会需要和人文社会科学自身发展需要的关系、人文社会科学的常规性发展与革命性发展的关系等方面探讨人文社会科学的发展规律。

上述三小节，第一节最重要，第二节和第三节是对第一节某些重要内容的展开。第一节中，关于人文社会科学研究的对象和目的的阐释，对于人文社会科学的主干学科和结构体系的概述，是全书立论的重要基石。

一、人文社会科学的基本含义

（一）人文社会科学研究的对象和目的

1. 人文科学是关于人的本身的学说或者理论体系，以人的存在特别是人的精神生活与精神世界为研究对象，以揭示人的本质为研究目的。

2. 社会科学以人类的经济活动、政治活动、精神文化活动等社会现象为研究对象，以揭示人类社会发展规律为研究目的。

3. 人是社会的人，社会是人的社会。人文科学和社会科学同是以人为中心的科学，同是人类的自我认识。各种人文社会科学研究的最后对象和目的都指向人，只是各门学科研究人的角度、领域和层次不同。如果以人为圆心，画出一个布满各种人文社会学科的圆，就可以在一定程度上把人文科学和社会科学在研究对象和研究目的上的内在联系显示出来。

4. 人文科学和社会科学的一般研究方法有共通之点。

5. 人文科学和社会科学“你中有我，我中有你”，在研究对象、研究目的以及研究方法等方面有着极为深刻的内在联系，难以划清它们之间的边界；当代人文科学和社会科学结合部上滋生了大量的边缘学科，更紧密地把人文科学和社会科学联为一体。人文科学和社会科学的综合化乃至一体化的趋势，是历史地顺理成章地形成的。将人文社会科学看作是自然科学相联结、相对应的一大科学部类的观点，正逐步为学术界所认同。

6. 人文社会科学，就是以人的社会存在为研究对象，以揭示人的本质和人类社会发展规律为目的的科学。应当看到，自然、人类、科学都是统一的；科学是内在的整体，它被分解为单独的部分不是由于事物的本质，而是由于人类认识能力的局限。关于人的知识是体现人类最高智慧的知识。在目前的历史条件下，关于人的存在和发展，关于人类的历史和未来，需要人文社会科学和自然科学协同研究。

（二）人文社会科学的主干学科和结构体系

1. 人文社会科学的主干学科通常包括：哲学、历史学、文艺学、宗教学、语言学、心理学、人类学、社会学、经济学、政治学、法学、管理学、教育学、军事学、新闻传播学、体育科学、情报与文献学、地理学。我国把“马克思主义”也列为综合性的主干学科。

2. 现代人文社会科学是一个由众多学科组成的庞大学科群，是一个复杂而又有序的知识大系统。对这个学科群、大系统的结构体系，可以从不同的角度进行考察、分类。

3. 从学科结构的层次着眼，上述主干学科属于一级学科，可以称为门类学科。二级学科可以称为专业学科。三级学科可以称为分支学科。

4. 仅像上面那样从学科结构的层次考察、分类，不可能对复杂的人文社会科学结构体系作出完善的描述。而且，新的人文社会学科的不断产生与发展，已经并将继续对整个人文社会科学知识大系统的结构带来影响。

（三）人文社会科学的孕育生成和拓展

1. 孕育奠基阶段。这个阶段十分漫长，从人类文化产生开始到 14 世纪初。

2. 生成发展阶段。从 14 世纪到 19 世纪，人文社会科学各基本学科逐步成型、独立发展。19 世纪中叶马克思主义的诞生，使整个人文社会科学领域发生了根本性变革。

3. 拓展反思阶段。20 世纪人文社会科学蓬勃发展。

二、人文社会科学的特征

（一）人文社会科学具有现代科学的一般特征

1. 是一种理论知识体系。也就是说，人文社会科学以一种具有相对完整体系的知识形态，概括了人类对自身的理性认识。为什么说“从 14 世纪到 19 世纪是人文社会科学各基本学科逐步成型、独立发展的时期”？最重要的标志之一，是各基本学科逐步形成了专门的理论知识体系。

2. 是人类对客观存在的不断深化的认识过程。关于这一特点，我们在《绪言·难点解说》中已经作过必要的补充。

3. 是以个体和群体的创新成果为结晶的社会性活动。人文社会科学研究和自然科学研究一样，总是一种社会行为、社会活动；这种社会行为、社会活动的价值和灵魂在于创新。科学的这一本性，在当代表现得越来越充分。

4. 是推动历史发展的实践性力量。邓小平说，科学技术是第一生产力。他又说，科学当然包括社会科学。关于人文社会科学的社会功能，《人文社会科学基础》第二章作了具体的阐述。

（二）人文社会科学的个性特征

人文社会科学一般具有价值关联性。也就是说，人文社会科学的研究过程和研究成果，往往内在地包含着研究主体对研究对象的价值判断。主要表现：

1. 人文社会科学的部分学科在阶级社会中一般具有某种阶级倾向性。人类在阶级社会这一特定的历史发展阶段所从事的人文社会科学研究活动，不可能完全与阶级的利益倾向相分离。由于人文社会科学研究对象和研究者都具有一定的阶级身份、阶级背景，主客观因素交互作用，使部分人文社会科学的研究成果往往具有某种阶级倾向性。但是，在谈论人文社会科学某种阶级倾向性时，一定要区分种种不同的情况，具体问题具体分析。首先，人文社会科学的有些学科具有较强的阶级倾向性；有些学科虽然也具有某种阶级倾向，但较弱；还有一些学科则不具有明显的阶级性。人文社会科学具体学科的阶级性的有或无、强或弱，往往同这些具体学科研究对象与国家机器的核心部位的距离远近相联系。其次，对那些具有某种阶级性的人文社会学科来说，也并不是用一个“阶级性”就能概括其全部内容的。再次，在一门具有某种阶级性倾向的人文社会学科中，我们应具体区分其理论体系和研究方法；总的说来，人文社会科学的研究方法，并不带有阶级性。最后，即使对于具有阶级性的学科理论体系，也应看到它有时会具有两重性特征，也就是它既具有阶级性的一面，又具有非阶级性的一面。

2. 人文社会科学通常体现出一定的民族性。人类的民族性是一个普遍存在的事实。这种民族性具体表现为不同民族间在经济、政治、文化等各方面所存在的差异性。一个民族的独特民族文化精神必然向人文社会科学的研究对象和研究者渗透，这样，民族性也就必然反映到一个民族的人文社会科学的内容中来。人文社会科学民族性的主要表现是：首先，在不同民族之间，同一个具体的人文社会学科，在理论构成上往往存在着较大的差异，这集中表现在理论观点上所存在的民族分歧。其次，在理论形式上、在表述的文体方面，也有着民族精神的差异。人文社会科学的上述民族差异性的存在，使民族化成为人文社会科学理论进行民族交流的一大前提。建设中国特色社会主义理论正是马克思主义理论中国化以后的积极成果。

3. 人文社会科学的时代性。人文社会科学各具体学科的研究对象总是随着时代的变化而变化的，进而也就使得人文社会科学的内容有了鲜明的时代性特征。更重要的是，人文社会科学的研究者对研究对象作出某种价值判断的时候，总是深受时代精神的影响，使研究成果打上时代的印记。因此，无论是人文社会科学理论的形成或是运用，都不能与特定时代的背景性因素相分离。

三、人文社会科学的发展机理

（一）人类社会实践与人文社会科学理论的互动关系

1. 社会实践与人文社会科学的关系，首先表现在，社会实践同时创造了人文社会科学研究的主体和对象。第一，社会实践为人类及其科学研究活动创造了必需的物质条件，并且促进了科学研究主体的心理基础的发展。第二，社会实践还创造了人文社会科学研究的对象。自然科学的对象是自然界的各种现象，总的看，它是先于人类的产生而存在的，不以人的意志为转移；而人文社会科学的对象即社会现象，是人类发展到一定阶段的产物，是人类实践的结果。

2. 社会实践与人文社会科学的关系，表现在人文社会科学对社会实践的依赖，具体体现为社会实践对人文社会科学的促进和制约两方面。首先，社会不断向前发展，社会实践不断丰富、深化，新情况、新问题层出不穷，促使人文社会科学理论推陈出新。其次，人文社会科学发展始终受社会实践发展水平的制约，从本质上看不可能产生一种没有实践基础的“新理论”。许多伟大的人文社会科学家的所谓历史局限性，正是那个时代社会实践发展的水平对人文社会科学认识的制约。

3. 社会实践与人文社会科学的关系，表现在人文社会科学理论对社会实践的能动作用上。这种能动作用，同样表现为促进和制约两个方面。建立在社会实践基础上的人文社会科学理论，常常成为人们认识社会、改造社会的思想武器，指导人们有目的地进行社会实践活动，为促进社会实践的进一步发展开拓道路。某些曾经起过进步历史作用的理论，未能随着社会实践的发展而发展，往往转化为封闭僵化的社会观念、社会思潮，制约了社会实践的前进。人文社会科学的具体理论总是与一定的社会历史条件相联结的。在社会发展节奏加快的历史时刻，要充分肯定人文社会科学理论对历史进程所起的积极作用，同时要注意某些理论是否滞后于社会实践发展需要的问题。

4. 总的来说，人类社会实践与人文社会科学理论两者之间存在着相互依赖、相互推动的关系，也就是互动关系。这种关系不是单向的，而是双向混合的，在前者作用于后者的同时，后者也在作用于前者，正是在这种复杂的交错中推动社会的进步和人文社会科学的发展。

（二）社会需要和人文社会科学自身发展需要的辩证统一

1. 人文社会科学发展的动力，首先来自社会需要。社会需要的领域无限广阔。一部人文社会科学发展的历史，在一定意义上可以看作人文社会科学逐步满足社会发展需要的历史。特别是当代，社会发展日新月异，各种新的社会问题摆在人类社会面前，在第一次工业革命前后那种自然科学无所不能的想法日益显示出了它的片面性。巨大的社会需求，使人文社会科学获得了前所未有的发展空间和发展活力。

2. 人文社会科学发展的动力，也来自它自身发展的需要。人文社会科学作为一个子系统，就像是人的肌体，要通过“新陈代谢”保持自身的生存与发展。人文社会科学在旧的社会需求得到满足、新的社会需求产生的过程中，新的理论、更完整的理论要通过扬弃，使陈旧的理论、片面的理论得到改造，或被淘汰。这就是促进人文社会科学自身发展的内在动力。它常常表现为人文社会科学各理论体系、流派、观念之间的争论与批判、继承与创新的过程。

3. 总的来说，社会需要可以说是人文社会科学向前发展的外因，自身发展需要则是人文社会科学发展的内因。两者同时发挥作用，互相影响，呈现出一种辩证统一的态势。它们的合力，是促使人文社会科学由简单到复杂、由低级到高级不断发展的强大动力。

（三）常规性发展与革命性发展相互交替

1. 人文社会科学的发展具有阶段性。常规性发展与革命性发展相互交替，形成人文社会科学发展的形态特征。

2. 人文社会科学理论的常规性发展是对旧有理论的丰富和完善，还没有对原有理论大框架作根本性的改变。这通常是一种量的变化，同时也是一种部分的质变，是量变导致部分质变的过程。

3. 人文社会科学理论的革命性发展是从根本上否定旧有理论，极大地改变了人们的观念和认识，是一种全局性的、体系性的、带有根本性质的发现和变化。这种质变首先表现在基本原理、方法论以及理论框架上。

4. 人文社会科学在常规性发展中滋生着革命的因素，在革命性的发展中蕴含着对旧理论合理因素的继承。当革命性发展实现以后，常规性发展又会在新的基础上进行，呼唤着新的革命的到来。这是一个循环往复、永无止境的过程。

5. 人文社会科学的常规性发展与革命性发展的交替，较多地受到社会制度的变化、占主导地位的社会意识形态的转换的影响。社会形态的变化往往是导致常规性发展转向革命性发展的最直接的因素。自然科学领域的发展变革对人文社会科学理论的发展变革也有直接的、深刻的影响。

重点辅导

第一章的重点为：人文社会科学研究的对象的目的；人文社会科学的主干学科和结构体系；人文社会科学与自然科学的区别与联系；人类社会实践与人文社会科学理论的互动关系。这里特别要注重了解人文社会科学研究的对象和目的、人文社会科学的主干学科和结构体系、人文社会科学与自然科学的区别与联系。

一、关于人文社会科学研究的对象和目的

这里，实际上就是要用最简单的表述方式，回答什么是人文社会科学的问题。解决这个问题的核心，一是要了解人文社会科学研

究的对象是什么，二是要了解人文社会科学研究的目的是什么。

人文社会科学研究的对象，可以通俗地说成“人和社会”，教材概括为“人的社会存在”。为什么作这样的概括呢？因为人文社会科学是人文科学和社会科学的总称。人文科学通常被说成是“人文学”，侧重研究人的存在、本质、价值和发展等问题，特别注重探究人的精神生活与精神世界。历史上的“人文学”往往用人的精神意识而不是用社会存在去解释人的本质，其结果往往缺乏科学性。马克思主义认为，人的本质在其现实性上，是一切社会关系的总和；任何个人都是“社会存在物”。要客观地科学地认识人的本质，认识人的自然、社会、精神等多重属性，就必须完整地把握人的社会关系，必须通过人的社会实践活动及其成果（也就是人类的物质文明和精神文明）反过来考察人本身。至于社会科学，自然是以社会现象为研究对象的。社会是人们交互作用的产物，是人类生活共同体；社会现象就是人类的社会实践活动，主要就是人类的经济活动、政治活动、精神文化活动等。正因为这样，教材指出：人文科学和社会科学同是以人为中心的科学，同是人类的自我认识；人文社会科学的研究对象是人的社会存在。这里我们不妨举一个例子。人文社会科学中有一门学科叫做传播学。顾名思义，传播学就是以信息传播为研究对象的。然而，现代传播学的奠基人、美国学者施拉姆指出，传播学不仅研究信息的传播，而且研究人；因为传播是人的一种行为，信息的生命和含义是人赋予的，研究信息传播，必须研究人与人关系以及他们所属的集团、组织和社会的关系，研究他们怎样相互影响，研究人是怎样相互建立起联系的，等等。可见，作为人文社会科学的一门学科，传播学的研究对象，说到底还是人，人的社会存在。

人文社会科学研究的目的是揭示人的本质和人类社会发展规律。人的本质是什么，人的本质能被人认识吗？人类社会发展有没有规律，这种运动规律能被人掌握吗？这些问题，古已有之，现在仍然存在许多不同的看法。教材对这些问题作出了肯定的回答，并且进行了初步的说明和论证。应当看到，人文社会现象比自然现象要复杂得多，人类对自身的了解可能远远比不上对于人以外的宇宙万物的了解。当今世界出现的一些邪教，正是利用人类的自我认识尚有不少盲区，搞秘密结社、教主崇拜、精神控制，宣扬“世界末日”，从事反科学、反文明、反社会、反人类的邪恶活动，危害甚大。面对诸如此类的挑战，人类在进一步探求自然界奥秘的同时，也在加倍努力探究自身的奥秘、社会的奥秘。科学总是同认识本质、发现规律联系在一起的。日益深入地认识、理解人的本质和人类社会发展规律，从而实现人类对自身发展和社会运动方向的自觉调控，是人文社会科学的核心目标。事实上，从古至今，一部人文社会科学孕育、形成、发展的历史，正是人的本质和人类社会发展规律逐步被人类自身发现和揭示的历史。关于这一点，教材第一章第一节的结尾部分作了简要的说明。

二、关于人文社会科学的主干学科和结构体系

教材第一章有个重要的观点：各门人文社会学科研究的最终目标都是人，只是研究人的角度、领域和层次不同。由此出发，参照各方面的意见，教材把近 20 门学科列为主干学科。其中，哲学探索人对世界的总的看法以及人的本质，历史学研究“过去时间中的人”，文艺学关注人类文学艺术创作的规律，宗教学家思考人类一种重要而特殊的信仰，语言学探究人类语言的奥秘，心理学分析人的心理活动及其行为表现，人类学家考察人类的生理特征和文化特征，社会学家讨论人类的群居生活状态，经济学解释人类社会的生产、交换、分配、消费等活动，政治学阐述人类社会的权力关系，法学研究人类社会强制性规范，教育学研究人的学习和发展的规律，管理学研究生活在特定组织中的人的管理，传播学研究媒介与人、人与人之间信息沟通的规律，等等。除了哲学的研究对象涉及整个客观世界之外，其他多数主干学科分别从不同角度研究人与社会的某个特定领域，这些角度和领域并没有绝对的界限，往往是相互交叉重叠，所以，各学科既有区别又有联系，互渗互补，构成了

人文社会科学的开放型的主框架。

人文社会科学是一个由众多学科组成的庞大的学科群。为了叙述和掌握的方便，教材借鉴传统的学科结构层次分类法，把上述主干学科即“门类学科”划为一级学科，把分别从属于各主干学科的“专业学科”划为二级学科，把分别从属于各专业学科的“分支学科”划为三级学科。正如教材指出的那样，单一的分类视角不可能对现代人文社会科学这样一个极为复杂的知识大系统的结构体系作出完善的概括，何况人文社会科学正处在迅速发展的时期，学习者应该留意其他的分类结构模式。

三、关于人文社会科学与自然科学的区别与联系

两大部类科学的区别与联系，来自它们各自的研究对象、研究目的、研究方法的区别与联系。两者最主要的区别在于，人文社会科学的研究成果，不但要像自然科学那样回答研究对象“是什么”、“为什么”，而且通常还要对研究对象作出直接或间接的价值判断，也就是通常还要回答“合理不合理”、“应该怎么样”。正因为如此，人文社会科学的内容就具有价值关联性，具体表现为通常具有鲜明的时代性特征，通常体现出一定的民族性，部分学科在有阶级存在的社会发展历史阶段具有某种阶级倾向性：这是人文社会科学的个性特征，也是人文社会科学与自然科学的主要区分点。但是人文社会科学是科学，具有科学的一般特征，这便是人文社会科学与自然科学的主要共通点。学习者全面掌握了我们上面在“知识结构”部分所概括的“人文社会科学的特征”，也就掌握了两大科学部类的区别与联系。这里需要强调指出，人文社会科学和自然科学之间并不存在无法跨越的鸿沟，相反，由于人类本身就是大自然的产物，自然界也越来越多地被打上了人的印记，两大科学部类的研究对象、研究目的、研究方法出现了交叉融合的趋势。人文社会科学中的若干主干学科，如语言学、心理学、人类学、传播学、管理学等，都具有兼跨两大科学部类的特点，心理学等还被认为主要是从

属于自然科学部类的学科。这是当代科学文化综合化潮流的具体表现。我们应当用大科学观分析有关现象，不必过分拘泥于“本本”上的说法。

难 点 提 示

第一章的难点和重点都是第一节“人文社会科学的基本含义”。“基本含义”可讲的内容很多，教材从三个视点进行扼要阐释。

首先，“人文社会科学研究的对象和目的”实际上给出了人文社会科学的简要定义。这个层次中比较难懂的部分，一是历代思想家对于人的本质的解释，二是人文科学和社会科学在研究对象、研究目的、研究方法、学科交叉等方面“你中有我，我中有你”的内在联系，三是从科学发展的历史和趋势看人文社会科学与自然科学的内在统一性。学习者一般不需要弄清楚每一个细节，只要对照这里提示的线索，把内容的要点梳理清楚即可。

其次，“人文社会科学的主干学科和结构体系”，难点在于涉及一大批学科名称，又涉及科学分类的观点和方法。这些地方不少问题要留待后面逐步解决，学习者也不需要进入细节，只须了解轮廓、领会精神即可。所谓了解轮廓，主要了解最重要的主干学科有哪些，学科结构的层次分成哪三级；所谓领会精神，主要领会学术界关于人文社会科学的主干学科和结构体系还有其他许多看法，教材所提供的观点只是比较简明的一种。

再次，“人文社会科学的孕育生成和拓展”，篇幅不多，陌生的名词术语却很多，涉及的历史资料也很多，其中最重要的内容后面将要进行讨论。学习者的目标应该是初步形成四个观念：一是人文社会科学的形成和发展经历了漫长的历史过程，人类对于自身的科学认识是没有止境的；二是迄今为止人文社会科学的演进轨迹大体可以分作三个阶段，其学科体系正式形成的时间大约在 18 世纪末到 19 世纪，各主干学科还相当“年轻”，发展的余地还很大；三是马克思主义的诞生，使整个人文社会科学领域发生了根本性的变革；四是中国长期处于封建社会和半封建半殖民地社会的历史文化环境之中，近代人文社会科学在中国的形成和发展严重受阻。

学习建议

1. 要充分认识第一章的学习在第一编乃至全书学习中的特殊重要地位。必须按照本章的学习目标与要求，切实弄清楚本章涉及的基本概念和重要原理，为学好本课程打好基础。

2. 要在认真通读全章三个小节的基础上着重领会第一小节的精神。第一节涉及的基本概念和重要原理比较多，举例比较少；第二节和第三节对第一节涉及的若干概念和原理进行了相对充分的阐述，举例比较多。把三个小节作为一个整体进行学习，用后两个小节的例子印证第一节提出的相关观点，有助于全面了解本章的重点内容。

3. 学习者对人文社会科学的主干学科之一教育学比较熟悉，可以把人文社会科学的基本概念、原理同教育学联结起来，同“人的学习和发展”的实践联系起来进行学习。

4. 本章所涉及的最重要的人文社会科学代表人物及其代表著作，可借助工具书作初步了解。但是面不能铺开，不宜为细节所纠缠。

自测题

一、语词解释

1. 人文科学
2. 社会科学
3. 人文社会科学
4. 人文社会科学的常规性发展
5. 人文社会科学的革命性发展

二、填空题

1. 人们把客观世界划分为互相联系又相互对立独立的两部分：以人为中心的________和以自然为中心的________。由此，人们对世界认识也就相应分化为两种独立的科学，即________和________。

2. 我们所说的“社会”，就是________。

3. 人文科学和社会科学同是以________为中心的科学，同是________的自我认识。

4. 关于________的知识是体现人类最高智慧的知识。

5. 关于人的存在和发展，关于人类的历史和未来，需要人文社会科学和________协同研究。

6. 现代人文社会科学是一个______的知识大系统；这个大系统中的任何一个具体学科只是整个知识大系统中的一个______。

7. 按照历史的维度，人文社会科学形成和发展大体经历了三个阶段，一是________阶段，二是________阶段，三是________阶段。

8. 人文社会科学的形成和发展的第一阶段经历了漫长的历史时期，具体时段大体是____。

9. 人文社会科学各基本学科逐步成型、独立发展的时期是从________世纪到________世纪。

10. 人文社会科学发展的第三阶段，是从进入________世纪开始的。

11. 人文社会科学时代性主要表现在：________的时代性，________的时代性，以及人文社会科学理论的时代背景因素。

12. 人文社会科学的民族性首先表现在，在不同民族之间，同一个具体的人文社会科学学科，在________上往往存在着较大的差距。

13. 人文社会科学在________中一般具有某种阶级性。

14. ________是人文社会科学理论产生的源泉和动力。根据马克思主义观点，________是人类最基本、最重要的活动。

15. 一部人文社会科学的历史，在一定意义上可以看作人文社会科学逐步满足________需要的历史。

三、选择题

1. 要科学地解释人的本质，就必须(　　)

A. 用人的道德观念去解释

B. 用人的感性欲望去解释

C. 用人的社会存在去解释

D. 用人的理性认识活动去解释

2. 社会形态的划分主要依据(　　)

A. 社会物质发展水平

B. 社会生产方式

C. 社会关系状况

D. 综合考虑社会物质发展水平，社会生产方式与社会关系状况，以及人的发展水平

3. 科学是内在的整体，它被分解为单独的部分主要是由于(　　)

A. 人类认识能力的局限　　B. 事物的本质

C. 社会的需要　　D. 科学自身的需要

4. 事实上，各种人文社会学科研究的最后目标都是人，只是它们研究人的角度、领域和层次不同。研究“时间中的人”的学科是(　)

A. 新闻传播学　　B. 人类学

C. 历史学　　D. 社会学

5. 研究人的培养和发展的规律的学科是(　　)

A. 管理学　　B. 语言学

C. 情报与文献学　　D. 教育学

6. 研究人类社会的生产、交换、分配、消费等活动的学科是(　　)

A. 管理学　　B. 经济学

C. 法学　　D. 政治学

7. 研究人与文化地理环境影响之间的关系的学科是(　　)

A. 军事学　　B. 文艺学

C. 人文地理学　　D. 历史学

8. 研究对象涉及整个客观世界的、在大科学体系中地位特殊的学科是(　　)

A. 哲学　　B. 心理学

C. 情报与文献学　　D. 管理学

9. 我国把“马克思主义”列为人文社会科学体系中的(　　)

A. 综合性的主干学科　　B. 边缘学科

C. 交叉学科　　D. 专业学科

10. 从学科结构的层次着眼，人文社会科学的主干学科均属(　　)

A. 二级学科，可以称为专业学科

B. 一级学科，可以称为门类学科

C. 三级学科，可以称为分支学科

D. 一级学科，可以称为综合学科

11. 文艺心理学、历史语言学等学科属于人文社会科学学科体系中的(　　)

A. 一级学科　　B. 二级学科

C. 三级学科　　D. 交叉学科

12. 人文社会科学知识开始以分门别类的面目出现的时间是(　　)

A. 15 世纪　　B. 16 世纪

C. 17～18 世纪　　D. 19 世纪

13. “建筑在阶级斗争上的社会是不可能有‘公正的’社会科学的。”作出这一论断的是(　　)

A. 马克思　　B. 恩格斯　　C. 列宁　　D. 毛泽东

14. 下列学科中没有明显阶级倾向的是(　　)

A. 政治学、历史学　　B. 法学、新闻传播学

C. 伦理学、人类学　　D. 语言学、考古学

15. 下列各项中不属于人文社会科学的发展规律的是(　　)

A. 人类社会实践和人文社会科学理论存在互动关系

B. 社会需要和人文社会科学自身发展辩证统一

C. 常规性发展与革命性发展相互交替

D. 历史的治乱与人文社会科学的兴衰完全同步

四、简答题

1. 人文社会科学与自然科学有何共同点?

2. 人文社会科学与自然科学有何区分点?

3. 人文社会科学的学科结构体系可以划分成哪三级?

4. 为什么单一的分类视角不可能对现代人文社会科学的结构体系作出完善的概括?

5. 为什么在谈论“人文社会科学部分学科具有某种阶级倾向性”时，一定要区分种种不同的情况，强调具体问题具体分析?

五、论述题

1. 将人文科学与社会科学合称为“人文社会科学”，并将它看作是同自然科学相联结、相对应的一大科学部类的观点，为什么正逐步为学术界所认同?

2. 当今世界出现一些邪教，其共同特点是搞秘密结社、教主崇拜、精神控制，宣扬“世界末日”，从事反科学、反文明、反社会、反人类的邪恶活动。试联系在我国出现的类似现象，说说发展人文社会科学的重大意义。

3. 举出一个教育、教学研究中的实例，说明教育学的研究对象和研究目的。

参 考 答 案

一、语词解释

1. 是关于人的本身的学说或者理论体系，是对人的存在、本质、价值和发展等问题特别是人的精神生活与精神世界进行探究的学问。

2. 是以人类的经济活动、政治活动、精神文化活动等社会现象为研究对象，揭示人类社会发展规律的科学。

3. 以人的社会存在为研究对象，以揭示人的本质和人类社会规律为目的的科学。它是互相交叉联结的人文科学和社会科学的总称，是与广义的自然科学相关联又相对应的一大科学部类。

4. 通常指人文社会科学发展过程中一种量的变化，在维持原有理论大框架的状态中，理论取得某些新的进展。

5. 通常指人文社会科学发展过程中一种质的变化，新的理论对旧理论的基本原理、方法与理论框架作了根本性的改变。

二、填空题

1. 人类社会　自然界　人文社会科学　自然科学

2. 以物质生产为基础而形成的人类生活共同体

3. 人　人类

4. 人

5. 自然科学

6. 复杂而又有序　构成因素

7. 孕育奠基　生成发展　拓展反思

8. 从人类文化产生开始到14世纪初

9. 14　19

10. 20

11. 研究对象　研究主体

12. 理论构成

13. 阶级社会

14. 人类的社会实践　社会实践

15. 社会发展

三、选择题

1. C　2. D　3. A　4. C　5. D　6. B　7. C　8. A　9. A　10. B　11. D　12. C　13. C　14. D　15. D

四、简答题

1. 人文社会科学和自然科学都是一种理论知识体系；都是人类对客观存在的不断深化的认识过程；都是以个体和群体的创新成果为结晶的社会性活动；都是推动历史发展的实践性力量。

2. 人文社会科学一般具有价值关联性，主要表现为：具有时代性，通常体现出一定的民族性，部分学科在阶级社会中具有某种阶级倾向性。

3. 一级学科为门类学科，是人文社会科学的主干学科；二级学科为专业学科；三级学科为分支学科。

4. 单一的分类视角难以对复杂的庞大科学结构体系作出完善的系统化的描述；某些新的人文社会学科的产生与发展对整个人文社会科学知识大系统的结构不断带来影响。

5. 人文社会科学的部分学科“具有某种阶级倾向性”，是在人类发展的特定阶段也就是“在阶级社会中”产生的。在这个历史阶段，从整个人文社会科学看，并不是其中的每一门具体学科都有阶级性。对那些具有某种阶级性的人文社会科学来说，也并不是用一个“阶级性”就能概括其全部内容的。在一门具有某种阶级倾向性的人文社会科学学科中，一般的研究方法和专门研究方法都不会带有什么阶级性。具有阶级性的学科理论体系，有时会具有两重性特征，也就是既具有阶级性的一面，又具有非阶级性的一面。

五、论述题

1. 答案要点：第一，现代人文科学和现代社会科学的研究对象、研究目的、研究方法等方面“你中有我，我中有你”，有着深刻的内在联系，难以划清它们之间的边界。当代人文科学和社会科学的结合部上滋生了大量的边缘学科，这些新兴学科就像一条条纽带，更紧密地把人文科学和社会科学联为一体。将人文科学和社会科学合称为人文社会科学，比较正确地反映了人文科学和社会科学综合化乃至一体化的趋势。

第二，人类科学发展，一般沿着较低水平的综合向较为精细的分化，再由分化向较高水平的综合的螺旋式路线前进。当人类的认识能力发展到了一定水平，人们把客观世界划分为既互相联系又相对独立的两部分：以人为中心的社会和以自然为中心的自然界；由此，人类对世界认识也就相应地从混合状态分化为两种相对独立的科学部类，即人文社会科学和自然科学。从本质上看，自然、人类、科学都是统一的，人文社会科学和自然科学之间也出现了某种综合化的趋势；但是，目前它们仍有明显的区分度，是相互联结、相互对应的两大科学部类。

(此题可参看本指导书第一章“重点辅导”的有关内容)

2. 答案要点：由于客观方面和主观方面的种种原因，人类对自身的了解远逊于对于人以外的宇宙万物的了解。人类自我认识的盲区，便是当今世界邪教活动的舞台。20 世纪 90 年代出现于中国社会的“法轮功”非法组织，具备着一切邪教的基本特征，蒙骗并毒害了大批群众，造成极其恶劣的政治影响和精神危害。这类令人触目惊心的社会现象的产生，要求人类在进一步探究自然界奥秘的同时，须加倍努力地探究人与社会的奥秘。大力发展人文社会科学研究事业，大力普及人文社会科学知识，让广大人民群众日益深入地认识、理解人的本质和人类社会发展规律，提高全民族的科学文化素质，是十分紧迫的历史任务。

（此题可参看指导书第一章“重点辅导”的有关内容）

3. 答案要点：教育学作为人文社会科学的一级学科，以人在教育和接受教育这一特定领域的社会实践活动为研究对象，以揭示人的培养和发展规律为研究目的。初等教育作为教育之本、人生之本、民族之本，一直是教育学的重要研究内容。初等教育和教学工作实践，为教育学的研究提供了丰富的资源。初等教育实践需要教育科学的指导，而教育学的发展始终离不开人文社会科学的理论原理、研究方法及具体研究成果的全面支撑；同时，教育科学的发展，又将丰富和深化人类的自我认识，推进人文社会科学的发展。

（此题要求学习者结合本人工作实践作出回答）

DI ER ZHANG 第二章

人文社会科学的社会功能

学习目标与要求

第二章从社会功能的角度阐述人文社会科学的内涵。学习这一章，有助于深入具体地认识人文社会科学在大科学体系中的特殊地位。学习的具体要求是：

1. 了解人文社会科学为什么具有积极的社会功能，理解人文社会科学的社会功能实现所需要的特殊条件。

2. 理解人文社会科学的认识功能。

3. 理解人文社会科学的思想建设功能、文化建设功能、政治建设功能、经济建设功能；理解人文社会科学的社会管理功能、社会决策功能、咨询功能。

4. 初步思考教育学的社会功能。

知 识 结 构

第二章共分两小节。第一节阐述相关的概念和原理，说明人文社会科学为什么具有积极的社会功能，这种社会功能的实现需要哪些特殊条件。第二节比较全面地从各个不同角度阐述人文社会科学的八种社会功能。其中，认识功能是其他功能的基础和前提；思想、文化、政治、经济建设功能是从社会发展的各个主要领域着眼的；社会管理、社会决策、咨询功能则是从推动社会发展的各个重要途径着眼的。

上述两小节，第一节重在“务虚”，第二节重在“务实”。第二节是本章的主体部分。

一、人文社会科学的社会功能定位

（一）人文社会科学具有积极的社会功能

人文社会科学的社会功能，是指人文社会科学在社会生活中的功效、作用。人文社会科学之所以具有积极的社会功能，因为它是一种经过社会实践检验的科学的人文社会理论知识系统，首先，可以通过推动社会关系和思想观念的变化促进社会进步；特别是在维护或者摧毁一种社会制度方面，在新旧社会势力的殊死搏杀中，这种科学理论体系发挥着积极而重要的作用。19 世纪中后期出现的马克思主义思想体系，对社会文明的发展，发挥了巨大的作用。其次，社会生产力发展，不仅是一个技术问题，也是一个社会问题；人文社会科学可以协同自然科学，直接推动社会生产力的发展，和自然科学一样是第一生产力。

（二）人文社会科学社会功能实现的特殊条件

1. 人文社会科学研究须自觉地与社会实践相结合。

2. 人文社会科学的研究和成果应用须有一个健康的开放的政治文化环境。

3. 人文社会科学理论须提高其预见性。

二、人文社会科学的多种社会功能

（一）认识功能

人文社会科学知识体系，既是对人与社会的具有真理性和合理性的认识，又是对人与社会发展的一种规范，并且不断地在新的社会实践中探索前进。正确地认识人与社会，才能有效地促进人的发展，合理地改造社会。人们不能不借助人文社会科学理论去认识极为复杂的人文社会现象，把握人与社会发展的规律性。没有革命的理论便没有革命的运动，这句话充分反映了人文社会科学认识功能的重大意义。

（二）思想建设功能

所谓思想建设就是要使人们树立正确的思想观点，树立正确的世界观、人生观、价值观。思想建设与文化建设一起构成精神文明建设的两项基本内容。首先，人文社会科学在思想建设中发挥作用，主要是靠理论的力量。其次，它在发挥思想教育作用时的最大特征是以理服人。再次，在发挥人文社会科学的思想建设功能的过程中，必须坚持平等性和对话原则。

（三）文化建设功能

人文社会科学的文化建设功能，是指人文社会科学的发展深刻地影响着整个文化事业的发展。第一，人文社会科学本身就是一种文化，它的发展，是整个文化事业发展的一大标志。第二，人文社会科学发展对另一个科学部类——自然科学的发展起到一种积极的影响作用。第三，教育卫生、文学艺术、新闻出版、体育、文博等各项文化事业的建设，都要求助于人文社会科学。

（四）政治建设功能

政治既包括属于社会意识形态的政治、法律等思想观念，又包括政治制度、政策法规、政治机构、政治活动等。与此相应，人文社会科学的政治建设功能，一是指它对社会的政治思想意识观念的研究和影响，二是指它对政治制度、政策法规、政治机构、政治行为的研究和影响。人文社会科学中的许多学科，是直接以社会的政治现象或与政治现象密切相关的其他社会现象为研究对象的。

（五）经济建设功能

这是指人文社会科学促进物质生产、促进经济发展的社会功能。首先，人是生产力中最为活跃的因素；人文社会科学正是在社会的经济活动中，通过提高全体从业人员的精神文化素质，来实现其重要的促进作用的。其次，现代经济的各个环节，包括生产、交换、分配、消费等，都不能离开人文社会科学的积极参与。再次，随着“知识经济”的初见端倪，人文社会科学的经济建设功能正进一步为人们所认识。

（六）社会管理功能

进行社会管理，从微观管理到宏观管理，从经济管理到政治管理、文化管理，需要依靠自然科学技术，更要依靠人文社会科学。第一，所谓管理，从根本上说是对人的管理，是对社会关系的调控；以人与社会为研究对象的人文社会科学向社会管理提供了系统的基础理论。第二，社会管理涉及社会的各个领域，人文社会科学可以向任何一个专门领域提供与管理相关的学科知识。第三，人文社会科学可以向全社会提供科学的可操作性很强的管理方法。第四，从总体上看属于人文社会科学的综合性很强的现代管理学发展迅速，加快了社会管理科学化的进程。

（七）社会决策功能

社会决策是指人们在改造世界的过程中，为寻求最优化的实践活动的方向、目标、原则和方法等而作出的选择和决定；这里所讲的决策，主要是指对重大问题的决策。首先，人文社会科学作为综合性的知识体系和思维工具，帮助决策者正确而迅速地观察、分析复杂多变的社会现象，作出准确的鉴别和判断，以便在更为广阔的范围内作出选择和决定。其次，更多地属于人文社会科学范畴的综合性的决策科学正在迅速发展，为社会决策提供专门的理论和方法。

（八）咨询功能

咨询是指专家学者为决策者或是委托方提供智力服务的行为。这种智力服务，几乎都不能与人文社会科学相分离。人文社会科学的学者运用相关科学理论，或者为政府决策部门，或者面向社会、面向企事业单位，提供有关决策的具体方案和建议。人文社会科学已经全面介入了现代咨询业的发展。

重 点 辅 导

第二章的重点为：人文社会科学的认识功能、思想建设功能、文化建设功能、政治建设功能、经济建设功能、社会管理功能。特别要注重理解认识功能，文化、政治、经济建设功能，社会管理功能。如上所述，认识功能是人文社会科学各项社会功能的基础和前提；文化建设和思想建设、政治建设有密切的内在联系，文化、政治、经济建设功能是人文社会科学社会功能的主体部分；社会管理功能和社会决策功能、咨询功能有难以分割的密切联系，是人文社会科学综合发挥社会建设功能的重要途径。

一、关于认识功能

理解人文社会科学的认识功能，要重温第一章关于人文社会科学的基本含义、基本特征、发展规律的阐述。人文社会科学的基本功能就在于提高人们对于人和社会的科学认识水准。

二、关于文化、政治、经济建设功能

1．经济、政治、文化是人类社会生活的三大基本领域

教材先谈人文社会科学的思想和文化建设功能，特别是它在思想文化领域中的教育功能，充分考虑了人文社会科学的特性和优

势。可以说，人文社会科学首先正是通过它的思想文化建设功能对社会经济、政治领域发挥积极影响的；人文社会科学是社会精神文明建设的重要支柱。从这样一个视点去理解思想文化建设功能，更能抓住问题的关键之点。

2. 教材讨论人文社会科学的政治建设功能，同它的思想文化建设功能有一个交叉部位，那就是人文社会科学理论对社会政治思想意识观念的积极影响；讨论经济建设功能，同它的思想文化建设功能也有一个重要的结合部，那就是人文社会科学有助于提高国民精神文化素质。很明显，人的发展是社会经济、政治、文化发展的中心课题。

3. 教材阐述人文社会科学的文化、政治、经济建设功能，其层次结构有如下共同点：先是对文化、政治、经济等概念进行说明，然后逐层介绍人文社会科学相应功能的具体表现，最后说到人文社会科学某些具体学科同相关领域的直接或间接关系。学习者掌握了这样的脉络，很容易抓住每一小节的要点。

三、关于社会管理功能

社会管理功能以及与之密切相关的社会决策功能、咨询功能，都具有综合性，是人文社会科学在社会生活中综合发挥其经济、政治、文化建设功能的重要途径和重要标志。

要充分理解社会管理的重要性。教材所转述的列宁的原话如下："现在，构成目前时局特点的第三个迫切任务提上了日程，这就是组织对俄国的管理……可是在过去这段时间里，剥削者还采取公开的内战形式进行反抗，管理的任务不可能成为主要的中心的任务。""一个社会主义政党能够做到大体上完成夺取政权和镇压剥削者的事业，能够做到直接着手管理任务，这在世界历史上是第一次。我们应该无愧为完成社会主义革命的这个最困难的（也是最能收效的）任务的人。应该考虑到，要有成效的进行管理，除了善于说服，除了善于在内战中取得胜利，还必须善于实际地进行组织工作。这是一项最困难的任务，因为这是要用新的方式去建立千百万人生活的最深刻的经济的基础。这也是一项最能收效的任务，因为只有解决（大体上和基本上解决）这项任务以后，才可以说，俄国不仅成了苏维埃共和国，而且成了社会主义共和国。”列宁的观点，至今仍有指导意义。

难点提示

第二章的难点主要在两处。

一处是第一节“人文社会科学的社会功能定位”的第二段“人文社会科学社会功能实现的特殊条件”。这一段教材主要是从当前人文社会科学研究中存在的问题的角度进行阐述的；学习者可以按照本指导书的引用的概括，从正面进行理解。

另一处是第二节分别阐述人文社会科学社会功能的八个段落，每一段落都有不少篇幅用于基本概念的界定，如“认识功能”、“思想”、“文化”、“政治”、“经济”、“社会管理”、“社会决策”、“咨询”等；学习者宜抓住要点，领会基本精神，不必死记硬背，也不必过多旁及不同观点。

学习建议

1. 第一章和第二章有许多相互关联、相互照应的地方，学习第二章宜时时与第一章的有关部分相比照，以深化对人文社会科学基本概念和原理的认识，特别是提高对人文社会科学特性和地位的认识。

2. 参照本学习指导书关于教材编写思路的提示，弄清楚人文社会科学八种社会功能之间的内在联系，突出重点。

3. 继续密切联系初等教育的理论和实践，着重思考教育学的社会功能。

自　测　题

一、语词解释

1. 人文社会科学的认识功能
2. 人文社会科学的思想建设功能
3. 人文社会科学的文化建设功能
4. 人文社会科学的政治建设功能
5. 人文社会科学的经济建设功能

二、填空题

1. 人文社会科学的社会功能，是指____。

2. 教材将人文社会科学的全部社会功能分为认识功能，思想建设功能、文化建设功能、政治建设功能、经济建设功能，以及________功能、________功能，________功能。

3. 科学作为一种知识。它既是人对于世界的________，又是对于世界发展的________。也就是说，科学既是对人对世界的________，又是人认识世界的一种________。

4. 一般人所说的文明，是指人类社会进步和开化的程度，它包括________文明和________文明。从人类文明建设的角度来看，思想建设与文化建设一起构成了________的两项基本内容。

5. 有人指出，狭义的文化包括了三个基本层次：第一层次是指各种思想、意识、观念等；第二个层次是指表现第一层次内容的________；第三层次是指________。

6. 所谓管理，从根本上说是对人的管理；对人的管理，最主要是________和________。

7. 决策科学是一门专门研究有关________、________和________的科学。

8. 按决策内容划分，决策可分为________和________。按决策层次分类，可分为________、战术决策和________。

9. 现代咨询是以________和严格的________为依据的。

10. 现代社会，政府各部门都设有专门为政府决策服务的咨询机构。这种机构被人们称作“智囊团”、“________”或者“外脑系统”。

三、选择题

1. 西方早期的人文社会学说曾用以下形式回答和解释当时的社会问题(　　)

A. 神话　　B. 自然科学公式

C. 宗教　　D. 心理学

2. 人文社会科学在思想建设中发挥作用，主要是依靠何种力量(　　)

A. 理论　　B. 实践

C. 社会环境　　D. 人的素质

3. 人文社会科学在发挥思想教育作用时的最大特征是(　　)

A. 以情动人　　B. 以理服人

C. 借助于某种行政权力　　D. 通过群众运动

4. 当前，人文社会科学经济建设功能进一步为人们所认识的主要原因在于(　　)

A. 自然科学技术迅猛发展　　B. 世界并不太平

C. 发达国家和发展中国家经济发展差距有进一步拉大的趋势

D. “知识经济”时代开始到来

5. 列宁认为，社会主义革命的一项最困难、也是一项最能收效的任务是(　　)

A. 阶级斗争　　B. 教育改革

C. 社会管理　　D. 发展生产

6. 据90年代初专家预测：到2000年，中国人文社会科学20门一级学科中排行第二的学科将是(　　)

A. 管理学　　B. 经济学　　C. 哲学　　D. 法学

7. 人文社会科学的社会决策功能，主要表现在它为决策者的决策提供必要的(　　)

A. 理论知识依据　　B. 解决问题的具体方案

C. 文献情报资料　　D. 民意测验结果

8. 新兴的决策科学（或称为决策理论）兴起于20世纪（　　）

A. 50年代　B. 60年代　C. 70年代　D. 80年代

9. “计算机＋插花艺术”是对哪一个国家企业管理艺术的概括（　　）

A. 美国　B. 韩国　C. 泰国　D. 日本

10. 现代咨询业已经发展成为一种（　　）

A. 人文社会科学新兴学科

B. 人文社会科学和自然科学相交叉的综合学科

C. 自然科学技术的新兴学科

D. 现代产业

四、简答题

1. 为什么说现代自然科学技术的研究，在许多情况下是在人文社会科学的帮助下实现的?

2. 人文社会科学的文化建设功能主要体现在哪几个方面?

3. 人文社会科学社会功能的实现，需要哪些特殊条件?

五、论述题

1. 谈谈认识功能在人文社会科学八种功能中的特殊地位。

2. 怎样才能充分发挥人文社会科学在思想建设中的功能?

3. 联系教育科学的功能，谈谈你对“人文社会科学与自然科学技术同属第一生产力”的体会。

参考答案

一、语词解释

1. 帮助人们接触人文社会科学理论去理解和解释人文社会现象，把握人与社会发展的规律性。

2. 使人们树立正确的思想观点，在精神文明建设中发挥作用。

3. 深刻影响整个文化事业发展。

4. 对社会的政治思想意识观念，对政治制度、政策法规、政治机构、政治行为发生影响。

5. 促进物质生产、促进经济发展。

二、填空题

1. 人文社会科学在社会生活中的功效、作用

2. 社会管理　社会决策　咨询

3. 认识　规范　认识的结果　凭借

4. 物质　精神　精神文明建设

5. 物质载体　各种制度、风俗

6. 人事管理　组织管理

7. 决策原理　决策程序　决策方法

8. 规范性决策　非规范性决策　战略决策　战役决策

9. 周密的调查　科学分析

10. 思想库

三、选择题

1. C　2. A　3.　B　4. D　5. C　6. A　7.　A　8. B　9. D　10.　D

四、简答题

1. 因为现代自然科学技术处理的对象，往往是一个社会——技术系统。

2. 首先，人文社会科学本身就是一种文化，它的发展，是整个文化事业发展的一大标志。其次，人文社会科学发展对另一个科学部类——自然科学发展起到积极的影响作用。再次，教育卫生、文学艺术、新闻出版、体育、文博等各项文化事业的建设，都求助于人文社会科学。

3. 第一，人文社会科学研究须自觉地与社会实践相结合；第二，人文社会科学的研究和成果须有一个健康的开放的政治文化环境；第三，人文社会科学理论须提高其预见性。

五、论述题

1. 答案要点：人文社会科学是一种经过社会实践检验的科学的人文社会理论知识系统，它的社会功能，首先须通过提高人的理论认识水准发挥作用。人文社会科学的认识功能是其他社会功能的基础和前提。

（回答此题可参考本指导书的有关提示）

2. 答案要点：首先必须明确。人文社会科学在思想建设中发挥作用，主要靠理论的力量。人文社会科学作为一种理性的武器，它在发挥思想作用教

育作用时的最大特征便是以理服人。在发挥人文社会科学的思想建设功能的过程中，以理服人的原则、平等性和对话原则，是必须坚持的。

3. 答案要点：邓小平所说科学技术是第一生产力，其中的科学包含着人文社会科学。人文社会科学的八种社会功能，集中地作用于人的素质的整体提高；包含教育科学在内的人文社会科学，正是通过提高作为社会生产力中最为活跃的因素的人的整体素质，直接促进社会生产力发展。人文社会科学同样是第一生产力。

（回答此题要援引教育科学社会功能的例证）

DI SAN ZHANG 第三章

人文社会科学的研究方法

学习目标与要求

第三章从研究方法的角度阐述人文社会科学的内涵。学习第三章，要了解并初步理解人文社会科学研究的一般方法和具体方法。学习的具体要求是：

1. 了解人文社会科学研究方法的总体特点和特殊贡献。
2. 了解并初步理解人文社会科学研究的一般方法。
3. 理解人文社会科学研究的具体方法。
4. 初步思考教育科学研究的一般方法和具体方法。

知 识 结 构

第三章共分导言和两个小节。导言简要地概括人文社会科学研究方法的总体特点和特殊贡献。第一节讨论人文社会科学各学科普遍适用的一般研究方法，包括理性批判与情感激发相结合的方法，定性研究与定量研究相结合的方法，直觉领悟与技术分析相结合的方法。第二节介绍人文社会科学各学科通常采用的若干具体研究方法，包括调查研究、实验研究、实地研究、文献研究。

上述三个层次，导言（以及第一节开头的综述部分）既是引子，又是第三章的结论；第一节阐释一般方法，理论性强，有一定深度，涵盖面广；第二节谈具体方法，这些方法可操作性强，易于掌握，在不同程度上体现着一般方法的基本精神。

一、人文社会科学研究方法的特点和贡献

（一）人文社会科学研究方法的总体特点

1. 人文社会科学研究方法，目的在于获得科学的人文社会认识成果。

2. 人文社会科学研究方法综合了传统科学方法的精华，又有所超越。

3. 人文社会科学研究方法的根本特点，是对科学思维方法辩证综合的掌握。

（二）人文社会科学研究方法的特殊贡献

1. 它体现出非逻辑经验在科学研究活动中的重要作用，反衬出唯科学主义认识论的局限。

2. 它体现出研究者在认识过程中的主观能动性，否定了被动的机械决定论。

3. 它表明科学研究的准确性不仅仅依靠技术工具和逻辑思维，还有赖于文化历史层面的反思。

二、人文社会科学研究的一般方法

（一）理性批判与情感激发

1. 关于理性批判的含义。首先，要弄清楚什么是理性。理性一般与感性相对应。理性有消极理性与积极理性之分。消极理性是人对外部世界的服从和适应；积极理性是人基于社会实践对外部世界和主观世界的认识的创新，或者说，是人基于社会实践的对常识的超越。其次，要弄清楚什么是理性批判。理性批判是人文社会科学的研究者即认识主体，以社会实践为标准，对于认识对象和认识

主体自身进行批判性的探索和检验，以发现并克服以往理论体系中的错误和逻辑矛盾，确立新的理论。

2. 关于理性批判的意义。以社会实践为根本依据的理性批判对人文社会科学研究具有两方面的意义：一是通过批判已有的认识成果和认识状态，校正认识方向；二是通过批判需要扬弃的常识，开启认识的创造性。

3. 关于情感激发的含义。这是指在人文社会科学领域。情感因素较之自然科学研究更多地渗透在理论研究中，对认识主体起着激发作用。人文社会科学研究者的工作情感，更多地包孕理性的美感。

4. 关于情感激发的意义。情感的激发可以使认识主体以体验的方式理解外部信息。这种体验具有特殊的认识功能：一是使主体中的某些无意识的感受突现出来，以至在没有完全理解研究对象时，能够形成认知图景；二是使主体对对象的认识由简单到丰富，由朦胧到清晰，由被动到富于创造激情。情感之于科学工作者，犹如催化剂之于化学反应。

5. 关于理性批判与情感激发的辩证统一。科学认识的理性和科学认识的情感结合在一起，理性批判与情感激发交相促进，是人文社会科学研究方法的一种独特表现，体现了科学发展的内部规律，是人类智力发展和精神进步的标志之一。

（二）定性研究与定量研究

1. 关于定性研究。第一，定性研究的内涵。定性研究是对于事物的质的方面的分析和研究。质是特定事物区分于其他事物的内部所固有的规定性，它由事物的内部与外部的各种矛盾所决定。第二，定性研究的地位和作用。人文社会科学在长期的历史进程中转为偏重定性研究。定性研究在识别对象属性，对之进行要素分析与结构整合，揭示对象功能等方面发挥着决定性的作用。由于人文社会科学的研究对象——人与社会不像自然科学的研究对象那样相对确定，而总是表现出相当的复杂性与模糊性，因此，定性研究在人文社会科学研究中显得尤为重要。定性研究的不当，往往导致定量分析的失效，从而使结论发生偏差甚至谬误。

2. 关于定量研究。第一，定量研究的内涵。定量研究是对于事物的量的方面的分析与研究。量是事物存在和发展的规模、程度、速度以及构成事物的成分在空间上的排列等可以用数量表示的规定性。第二，定量研究的地位和作用。任何事物都有质量和数量，质量通过数量得到反映；对一般事物包括人文社会现象的研究，都可以从数量方面入手。人文社会科学对象的复杂性并不能否定它的研究对象的内在本质也必然通过量的关系存在，有时，正是因为对象的高度复杂，人文社会科学可能更需要定量分析方法。马克思说过，一门科学只有在成功地运用数学时，才算达到了完善的地步。人文社会科学定量化研究的进程正在加速。

3. 关于定性研究与定量研究的辩证统一。第一，正确认识两者的关系。总的来说，定性研究是定量研究的基础和前提，定量研究是对定性研究的提示和验证、深化和细化；定性研究只有在与准确的定量研究结合在一起时才能增强其理论力量，定量研究只有在与科学的定性研究结合在一起时才能显示其作用。定性研究与定量研究在人文社会科学现代化的进程中日益统一起来。第二，正确实施两者的结合。在原始材料的收集整理阶段、分析研究阶段、研究成果的价值评估阶段，都要注重定性研究和定量研究的协调运作。

（三）直觉领悟与技术分析

1. 关于直觉领悟的含义。直觉是一种非神秘性的、与事实相联系的、与人的现实心理活动相联系的思维方式。直觉可以分为感性的直觉和理性的直觉。感性的直觉是认识主体对理论经验的直接体验，或者说，是对特定理论的感觉。理性的直觉是认识主体对理论的逻辑元素之间的秩序、关系的创造性的感受。在科学认识活动中，理性的直觉具有非逻辑性、综合性、自觉性，是认识主体对认识对象持久地注意、思考所产生的“高峰体验”。

2. 关于灵感的含义。灵感是人文社会科学的认识主体，在科学创新研究达到高潮阶段时，出现的一种最富有创造性的心理状态和认识形式。灵感和直觉在思维上有着“顿悟”的共性，在实践上通常也是相互缠绕、共同作用于研究工作的。

3. 关于直觉与灵感的认识作用。直觉、灵感作为科学认识的“非理性因素”，它们不仅是理性分析的有效补充，而且是对原有理论格局实现超越与突破的创造性思维活动，可能带来重大的科学发现和科学成果。

4. 关于技术分析的含义。技术分析指认识主体的具有实证性、规范性的理性分析方式；在人文社会科学研究中，与直觉领悟有机结合、辩证统一。教材即将讨论的人文社会科学研究的具体方法，主要归属（但不限）于技术分析的范畴。

三、人文社会科学研究的具体方法

（一）调查研究

1. 调查研究的主要含义和功能：调查研究是人文社会科学最具代表性的研究方法。它是指采用问卷或结构式访谈的方式，从作为样本的部分研究对象收集资料，通过对资料的统计分析来认识研究对象及其演变规律的研究方法。这是一种典型的量的研究方法，可用于描述性、解释性或探索性的研究。

2. 调查研究的基本步骤：一是明确与细化调查目的，二是确定调查的总体，三是抽样，四是设计问卷或访谈提纲，五是调查的实施，六是数据分析。其中最重要的是抽样，而问卷访谈提纲的设计是整个调查研究的关键部分。

（二）实验研究

1. 实验研究的主要含义：实验研究是典型的自然科学方法。它是指在高度控制的条件下，通过操纵某些因素，来研究变量之间因果关系的研究方法。实验研究也是一种典型的定量研究方法，通常包括实验室实验、模拟实验和现场实验。

2. 实验研究的步骤：第一步是明确需要验证的假设；第二步是根据研究目的，设计实验内容；第三个步骤是选择实验对象并分成控制组和实验组；第四个步骤是前测；第五个步骤是实施实验；并进行后测；第六个步骤是考察所收集的资料，进行不同组之间的比较，并用统计的方法说明假设是否被证实。

（三）实地研究

1. 实地研究的主要含义：实地研究是一种深入到研究对象的生活背景中，以观察和非结构访谈的方式收集材料，并通过对这些资料的定性分析对研究对象进行解释性理解的研究方法。这是一种典型的质的研究，它强调通过观察和自由访谈等方式，深入体验研究对象所处的情境。

2. 实地研究的主要步骤和具体操作方法：步骤一是选择研究背景；二是获准进入与取得信任和建立友善关系，三是记录，四是根据记录提炼理论成果，进行个案分析。具体操作方法主要包括观察法、无结构访谈法和集体访谈法。

（四）文献研究

1. 文献研究的主要含义：文献研究是一种通过收集和分析经文字、数字、画面等信息形式出现的文献资料，来探讨和分析各种社会行为、社会关系及其他社会现象的研究方式。这是一种既可以进行质的研究又可以进行量的研究的方法。

2. 文献研究的主要方法：包括内容分析，现存统计资料分析，历史—比较研究等三种。

重点辅导

第三章的重点为：人文社会科学研究的一般方法和具体方法。教材介绍的一般方法和具体方法，如上所述，分别为三种与四种。本指导书对于每一种一般方法和具体方法的要点，都做了必要的提炼和梳理；如果就知识论知识，那么掌握这些要点也就够了。但是为了达到对这些要点的理解，尚需进一步弄清楚三种一般方法之间的内在联系，以及一般方法和具体方法之间的内在联系。

一、三种“一般方法”之间的内在联系

首先，教材阐述的人文社会科学研究的一般方法，指的是人文社会科学研究特有而又具有普遍意义的认识方式。每一种“一般方法”，都由处于两极的认识方式综合而成。第一种“一般方法”的一极是“理性批判”，这种积极的理性的批判，是一种具有明确创造意识的深层次的理性认识方式；另一极是“情感激发”，这种科学工作感情的激发，既是创造性研究活动的重要动力，又有使研究主体以体验的方式感受和理解外部信息的重要功能，同样可以看作是一种认识方式。第二种“一般方法”的一极是“定性研究”，这是一种要求直接穿透人文社会现象整体把握对象本质的认识方式；另一极“定量研究”，则要求运用数学思维去测算、描述对象的“量”，是一种高度理性的、追求“精确”的认识方式。第三种“一般方法”的一极“直觉领悟”又是一种强调感受、经验的认识方式，另一极“技术分析”则又是一种强调理性的认识方式。这样，我们可以发现，三种“一般方法”有个共同点：它们的两极中的一极同讲求实证的自然科学认识方式一致，另一极同讲求感受、体验、领悟的人文艺术认识方式相通。教材认为，把处于两极的自然科学认识方式和人文艺术认识方式相沟通、相融合，是人文社会科学研究的一般方法的共同特征。

其次，三种“一般方法”的形成说到底都取决于人文社会科学的研究对象和研究目的。我们说过，人文社会科学的研究成果，不但要像自然科学那样回答研究对象“是什么”、“为什么”，而且通常还要对研究对象作出直接和间接的价值判断，回答“合理不合理”、“应该怎么样”。这就要求人文社会科学研究者不但要运用理性批判、定量研究、技术分析这一类认识方式，而且要运用情感激

发、定性研究、直觉领悟这一类认识方式，更要把理性批判与情感激发、定量研究与定性研究、技术分析与直觉领悟有机地结合起来，以在研究成果中体现事实与价值、数量与质量、真理性与合理性的辩证统一。三种“一般方法”在这个根本点上是一脉相通的。这里我们举西方经济学研究方法的演变为例。教材第一章第一节提到的英国学者亚当·斯密是西方经济学的奠基人，他对于经济活动中的人是十分重视的；他系统地探讨过人的道德的本质。在他之后，还有西方学者明确提出，经济学不仅是一门关于财富的学问，更是一门关于人的学问。然而，20世纪西方主流经济学中的许多学派，背离了这一理论研究传统，通过把人假设为完全自利的“经济人”的方式，抽去了市场经济的制度环境和法律结构，排除了对人的价值、信仰、道德和情感的分析，专门处理经济现象的数量分析，使经济理论过度依赖数学方法和逻辑工具，日益脱离现实经济生活，变成了“象牙塔”之中的“黑板经济学”。这种状况激起了有识之士的不满与批评。当代西方经济学界再度重视经济现象与道德、文化的关联，研究思路有所转换。一位诺贝尔经济学奖获得者作出这样的结论：自由市场制度本身并不能保证效率，一个有效率的自由市场制度，除了需要一个有效的产权和法律制度相配合之外，还需要在诚实、正直、合作、公平、正义等方面有良好道德的人去操作这个市场。显然，这不仅意味着研究内容的转换，还意味着研究方法、认识方式的转换。以人与社会为研究对象，以揭示人的本质和人类社会发展规律为目的的人文社会科学，在研究方法方面，要求对各种科学的认识方式进行辩证综合。

归纳起来，三种“一般方法”之间的内在联系表现为：它们都适应人文社会科学研究对象和研究目的的需要，把对应于两极的自然科学认识方式和人文艺术认识方式相沟通、相融合。

二、一般方法和具体方法之间的内在联系

教材把四种具体研究方法即调查研究、实验研究、实地研究、

文献研究方法，主要归属于技术分析的范畴，原因在于：这四种具体方法，总的来说，较多地体现了具有实证性、规范性的理性认识方式。但是仔细推敲一下便可看出，这些具体方法与一般方法的内在联系，不仅在于具体方法可操作性强，是一般方法在操作层面上的表现，更在于各种具体方法都在不同程度上体现了一般方法的"适应人文社会科学研究对象和研究目的的需要，是对应于两极的自然科学认识方式和人文艺术认识方式相沟通、相融合"的根本特征。

先看调查研究。教材所说的调查研究主要特指统计调查方法。这种方法有一个明确的宗旨，就是从定量研究入手，达到给研究对象定性的目标。所以称统计调查方法是定性和定量研究的主要手段之一。我们可以从教材举出的抽样调查的案例中看到，无论是问卷设计方法还是具体的抽样方式，其研究成果是否科学，都同研究者主观条件密切相关。譬如问卷设计方法，它的格式、内容、提问顺序，都有赖于研究者从实际出发进行"设计"，唯科学主义的态度解决不了问题。

再看实验研究。这是在高度控制的条件下，通过操纵某些因素，来研究变量之间因果关系的研究方法。无论是实验室实验、模拟实验、还是现场实验，都具有它的长处和短处。教材对此作了专门探讨，反映出在人文社会科学的实验研究很难达到自然科学实验研究那样的功效，其原因在于实验的对象是人而不是物。

第三，实地研究。实地研究中的观察、访谈等具体方法并非纯技术方法，更不可能"天然"地产生"纯客观"的结论，而是比较充分地体现了人文社会科学研究一般方法的根本特征。

还有文献研究。无论是内容分析、现存统计资料分析，还是历史—比较研究，都十分突出地存在一个认识主体如何理解、如何解释的要害问题；也就是说，这类具体的可操作的文献情报方法，运用起来必须对各种科学的认识方式进行辩证综合，必须接受人文社会科学研究的一般方法的指导。在这方面，大大小小的历史和现实的经验教训十分丰富。

总之，教材所阐述的人文社会科学研究的具体方法，从认识方式的角度看，在实质上同“一般方法”是相通的。

难 点 提 示

第三章的难点主要在导言部分和第一节，特别是导言和第一节中的“理性批判与情感激发”、“直觉领悟与技术分析”。

导言（以及第一节开头的综述部分）是从方法论的意义上概括人文社会科学研究方法的特点和价值。所谓方法论，可以说是关于方法的理解体系，属于哲学范畴。为了便于学习者理解和初步掌握这部分的基本精神，本指导书在“重点辅导”中，对教材的相关内容做了简化处理，学习者可以据此解读。这个部分涉及的术语较多，最重要的已纳入指导书，其余的一般不必深究。

“理性批判与情感激发”、“直觉领悟与技术分析”，不少内容学习者会感到陌生；指导书也对教材的相关内容做了某些必要的提炼和归纳。要点之外的理论概括和例证阐述只要求作一般性了解。为了把人文社会科学研究的一般方法和具体方法作为一个整体来认识，指导书对三种一般方法之间的内在联系以及一般方法和具体方法之间的内在联系，作了某些补充性的解说，仅供学习者参考。

教材和指导书对人文社会科学的研究者，在不同的语境中往往采用不同的称呼，如人文社会科学家、研究主体、认识主体等。同样，对人文社会科学的研究对象，称呼也因语境的不同而有所转换。

学 习 建 议

1. 第一章到第三章构成第一编，在教材中是一个相对独立的单元，从不同角度阐述人文社会科学的基本含义，回答什么是人文社会科学的问题。学习第三章，要充分利用第一章和第二章的学习成果，要着重领会人文社会科学研究方法的特点是人文社会科学总体特点的有机组成部分。

2. 第三章第一节重在理论阐述，自学时宜尽量联系前两章和第二节中列举的实例，特别要自觉联系教育科学研究的实例，以加深理解。

3. 第三章第二节介绍的人文社会科学研究的具体方法，可以很快应用于初等教育的研究。例如，在小范围内作一次专题性的问卷调查等。

自 测 题

一、语词解释

1. 定性研究
2. 定量研究
3. 直觉
4. 灵感
5. 实验研究

二、填空

1. 人文社会科学研究的一般方法主要包括：理性批判与________，定性研究与________，直觉领悟与________。

2. 科学认识活动中，研究者的理性有________和________之分。

3. 科学认识的理性和科学认识的________结合在一起，是人文社会科学研究方法的一种独特表现，体现了科学发展的内部规律，是人类智力发展和精神进步的标志之一。

4. 由于人文社会科学的研究对象表现出相当的复杂性与________，所以定性研究显得尤为重要。定性研究的失当，往往会导致________的失效。

5. 理性的直觉有三个特征，一是________，二是________，三是________。

6. 常见的几种概率抽样方法是：________抽样，系统抽样，分层抽样，整群抽样和________抽样。

7. 实地研究包括以下常用方法：______，______，______。

8. 调查研究的六个基本步骤是________、确定调查的总体、________、设计问卷或访谈提纲、调查的实施和________。

9. 文献研究法的子类型包括：内容分析、__________以及__________。

10. 实地研究的主要步骤依次是________、获准进入与取得信任和建立友善关系、________、根据记录提炼理论成果，进行________。

三、选择题

1. 在方法论的意义上，人文社会科学最重要的工具之一是(　　)

A. 定量分析　　　　B. 技术分析

C. 理性批判　　　　D. 情感激发

2. 积极的理性是基于社会实践对何种对象的否定与超越(　　)

A. 消极理性　　　　B. 常识

C. 理论假设　　　　D. 真理

3. 不属于教材所概括的人文社会科学一般研究方法的是(　　)

A. 定性研究　　　　B. 定量研究

C. 理性批判　　　　D. 直接观察

4. 在以下各种一般研究方法中，人文社会科学在长期的历史进程中较为偏重哪一种(　　)

A. 定量研究　　　　B. 定性研究

C. 直觉领悟　　　　D. 情感激发

5. 爱因斯坦认为，有一种思维活动是科学创造活动的重要必经阶段。这种曾经对牛顿发现万有引力定律、爱因斯坦发现相对论都起过重要作用的思维活动是(　　)

A. 理性的直觉　　　　B. 感性的直觉

C. 定量分析　　　　　　　　D. 灵感

6. 在下列抽样调查方法中，较少在实践中应用的一种是(　　)

A. 简单随机抽样　　　　　　B. 系统抽样

C. 分层抽样　　　　　　　　D. 整群抽样

7. 前测作为一个步骤，属于(　　)

A. 调查研究　　　　　　　　B. 实验方法

C. 实地方法　　　　　　　　D. 文献方法

8. 实地研究的特殊优点是(　　)

A. 直接性　　　　　　　　　B. 完整性

C. 系统性　　　　　　　　　D. 灵活性

9. 美国民意测验者乔治·盖洛普首创的非概率抽样方法是(　　)

A. 偶遇抽样　　　　　　　　B. 判断抽样

C. 定额抽样　　　　　　　　D. 滚雪球抽样

10. 在总体规模巨大，分布范围广阔的研究中常使用的抽样方法是(　　)

A. 系统抽样　　　　　　　　B. 分层抽样

C. 整群抽样　　　　　　　　D. 多级抽样

四、简答题

1. 从总体上看，人文社会科学研究方法有哪些主要特点？

2. 人文社会科学方法的发展，对人类的科学研究作出了哪些特殊贡献？

3. 为什么定性研究与定量研究在人文社会科学现代化进程中日益统一起来？

五、论述题

1. 说说教材所阐述的人文社会科学研究的三种“一般方法”之间存在着怎样的内在联系。

2. 举例说明教材所介绍的人文社会科学研究四种具体方法，主要归属于技术分析，但是又不仅限于这一范围。

3.《中国教育报》1999年围绕“新时期中小学师生关系”作了一次大型调查。调查采取问卷的形式。问卷内容涉及师生心理、行为、行动、情感以及课堂教学和日常生活、休闲等师生关系的方方面面。问卷分成学生卷、教师卷、家长卷三类。问卷送往上海市、湖南省和宁夏回族自治区三个地区；在同一地区又送往城市、城郊结合部、农村等不同地域的小学、初中和高中校进行调查。调查共发放问卷6000份，其中学生问卷3000份，回收率76.5%；教师问卷1500份，回收率77.2%；家长问卷1500份，回收率70.9%。试对照教材的有关内容，说说这次大型调查在研究方法上有什么特点和价值。

参考答案

一、语词解释

1. 对于事物的质的方面的分析和研究。

2. 对于事物的量的方面的分析和研究。

3. 一种非神秘性的、与事实相联系的、与人的现实心理活动相联系的思维方式。

4. 人文社会科学研究者在科学创新研究达到高潮阶段时，出现的一种最富有创造性的心理状态和认识形式。

5. 在高度控制的条件下，通过操纵某些因素，来研究变量之间因果关系的研究方法。

二、填空题

1. 情感激发　定量研究　技术分析

2. 消极　积极

3. 情感

4. 模糊性　定量分析

5. 非逻辑性　综合性　自觉性

6. 简单随机抽样　多级抽样

7. 观察　无结构访谈　集体访谈

8. 明确与细化调查目的　抽样　数据分析

9. 统计资料分析　历史—比较分析

10. 选择研究背景　记录　个案分析

三、选择题

1.C　2.B　3.D　4.B　5.A　6.A　7.B　8.D　9.C　10.D

四、简答题

1. 总体特点有三：一是以获得科学的人文社会认识成果为目的；二是综合了传统科学方法的精华，又有所超越；三是对科学思维方法辩证综合的掌握。

2. 特殊贡献有三：一是体现了非逻辑思维在科学研究活动中的重要作用，反衬出唯科学主义认识论的局限；二是体现了研究者在认识过程中的主观能动性，否定了被动的机械决定论；三是表明科学研究的准确性不仅仅依靠技术工具和逻辑思维，还有赖于文化—历史层面的反思。

3. 定性研究是定量研究的基础和前提，定量研究是对定性研究的深化和细化，定性研究只有两者紧密结合才能增强其理论力量，充分显示其作用；在人文社会科学发展的进程中，由学科分化与综合所导致的系统化研究观念，强有力地推动定性研究与定量研究日益统一起来。

五、论述题

1. 答案要点：论述的主要思路和基本要点在于：三种"一般方法"之间的内在联系，集中表现为它们都适应人文社会科学研究对象和研究目的的需要，把对应于两极的自然科学方式和人文艺术认识方式相沟通、相融合。

(此题可参看指导书重点辅导的第一部分)

2. 答案要点：这四种具体方法，总的来说，较多地体现了具有实证性、规范性的理性认识方式，因此它们主要归属于技术分析的范畴。但是，每一种具体方法都在不同程度上体现了一般方法的"适应人文社会科学研究对象和研究目的的需要，把对应于两极的自然科学认识方式和人文艺术认识方式相沟通、相融合"的根本特征。无论是调查方法、实验方法、实地方法，还是文献方法，教材都提供了必要的案例，可以作为上述观点的论据。

论述此题，须参看指导书重点辅导的第二部分以及教材的相关内容，抓住一二个案例说明问题即可。

3. 答案要点：这项调查从研究方法的角度看，它的特点和价值在于：

第一，问卷调查的各项具体内容突出新时期中小学师生关系这个主题(体现了教材所说的"理论假设")，问卷的框架(体现了教材所说的"指标体系")设计得较好，具有科学价值和实践意义，能调动调查对象回答问题的积极性。三类问卷回收率、教师卷最高，学生卷次之，家长卷也达到 70.9%，总的看回收率比较高。

第二，调查对象定位合理。不仅向学生做调查，向教师做调查，而且向最关心、最了解师生关系状况的家长做调查；学生卷数量占问卷总量的一半，体现了教材介绍的分层抽样的精神；这样，使调查结果具有更大的说服力，也就是具有科学性和合理性。

第三，对抽样调查的具体实施作了精心安排。样本容量达到 6000 个，规模较大，覆盖面宽。上海市是发达地区，湖南省是中等发达地区，宁夏回族自治区属于贫困边远地区，同一地区的城市、城郊结合部、农村的经济社会发展程度有所不同；小学、初中和高中校师生关系的状况也有差别。这些至关重要的因素都考虑到了，综合运用了教材所说的系统抽样和分层抽样的方法，获得更大程度代表性，减少抽样误差，调查结果较能反映整个中国当前中小学师生关系的状况，对方方面面都有启示和促进的作用。

第四，这项大型调查，在某种程度上体现了当代世界和中国人文社会科学研究方法领域的进展，体现了“三个面向”的精神，有时代气息。中国的教育学科研究需要有更多的人，一步一个脚印地走出一条新路来。

第二编

人文社会科学的现状考察

学习目标与要求

第一编共分五章，第四章讨论20世纪人文社会科学的发展概貌，第八章讨论当代人文社会科学的发展趋势；第五章、第六章、第七章分学科群介绍20世纪人文社会科学若干重要学科的发展概貌。这五章，篇幅占教材的一半以上，是整个课程的主体部分。

学习的要求是：

△了解20世纪特别是第二次世界大战以来世界和中国人文社会科学发展的概貌。

△了解现代世界和中国若干人文社会学科的重要进展，理解它们的科学价值。

△掌握当代人文社会科学的发展趋势。

△初步运用某一门人文社会科学的观点、方法，分析与初等教育密切相关的现实社会问题。

DI SI ZHANG

第四章

20 世纪人文社会科学发展综述

学习目标与要求

第二编的五章，采用“总—分—总”的结构模式，回答“人文社会科学现状和发展趋势如何”的问题。第四章对 20 世纪人文社会科学发展作总体性考察，是学习第二编的基础。学习第四章，要全面了解 20 世纪特别是第二次世界大战以来世界和中国人文社会科学发展的概貌。学习这一章的具体要求是：

1. 了解 20 世纪人文社会科学发展的全球背景。
2. 了解世界 20 世纪人文社会科学的发展脉络。
3. 了解 20 世纪中国人文社会科学发展概貌。
4. 理解 20 世纪人文社会科学发展的总体特点。

知 识 结 构

第四章共分四小节。第一节从时代主题的重大转换、自然科学技术迅速发展、全球问题日益尖锐化三个方面，阐述 20 世纪人文社会科学发展的全球背景。第二节着眼于人文社会科学的整体发展形态和发展水平，将 20 世纪人文社会科学发展的轨迹分为三段。第三节概略阐述中国人文社会科学发展的特殊背景和曲折道路。第四节综合概括 20 世纪世界人文社会科学发展的总体特点，突出了实践与理论的交互作用日趋明显、多科性综合性的科学体系逐步形成、人的解放和发展受到广泛关注三大进展。

上述四小节，从背景分析到概貌描述，到特点概括，逐层递进。概貌描述和特点概括是本章的重点所在。

一、20 世纪人文社会科学发展的背景

教材转述历史学家的话，称 20 世纪是人类历史上变化最大、发展最快、争斗最激烈、折腾最多的一个世纪。教材认为 20 世纪人文社会科学发展背景中，最有影响力的是时代主题的转换、自然科学技术的革命和全球问题的出现。

（一）不断深化的时代主题

1. 关于时代主题和世界格局。时代主题是一个时代的政治、经济、文化发展态势的聚焦点，是全球发展格局的集中体现。世界格局，指的是国际社会关系的基本结构；其中起主导作用的是主要大国和重要国家集团之间的力量组合，以及它们的相互关系。20 世纪，以两次世界大战和 80 年代与 90 年代之交政治动荡为标志，世界格局发生了三次重大变化，时代主题随之三度转换；这对人文社会科学的发展产生了具有根本性质的影响。

2. 世界格局首次变动前后的时代主题是战争与革命。第一次世界大战后，马克思列宁主义思想体系与资本主义占统治地位的社会文化思潮初步形成对抗之势，影响了人文社会科学的每一个重要学科。

3. 世界格局第二次剧变形成的时代主题是对抗和对话。第二次世界大战后，社会主义与资本主义两大阵营的对抗形成，出现冷战局面；冷战后期，“东西问题”即和平问题，“南北问题”即发展问题，上升为全球性的战略问题。这种态势给人文社会科学发展打下了深刻印记。

4. 世界格局第三次变化前后的时代主题是和平与发展。经历了 80 年代与 90 年代之交的历史重大转折，世界结构走向多极化，各国间经济、军事、政治及意识形态方面的关系空前复杂，“东南

西北”即和平与发展，成为跨世纪的时代主题。人文社会科学领域思想空前活跃，视野空前宽阔，展示出人文社会科学未来发展的大趋势。

（二）飞速发展的自然科学技术

1. 人文社会科学与同时代自然科学技术的发展均有深刻的互动的内在联系。这种内在联系在20世纪表现得尤为显著。

2. 20世纪自然科学技术的“指数增长”及其复杂社会后果向人文社会科学提出了紧迫的时代课题。形势发展表明，重大问题的解决，必须依靠自然科学技术与人文社会科学结盟。

3. 20世纪自然科学技术发展的多种形态的综合化推进了整个科学体系的综合化。自然科学与人文社会科学两大科学部类初步的交叉结合对20世纪人文社会科学的进程产生重要影响。

4. 20世纪下半叶自然科学技术国际化的趋势促进了人文社会科学的国际对话和国际合作。

5. 自然科学技术的高速发展，特别是信息技术革命，为人文社会科学研究提供了新的手段和工具，人文社会科学研究的效率得到很大的提高。

（三）日益尖锐化的当代全球问题

1. 全球问题指的是与整个世界全体人类密切相关的重大问题；全球问题相互联系，此消彼长，具有鲜明的挑战性和紧迫性，要求各国政府和人民、国家集团和国际性组织共同协作，才能逐步解决。当代全球问题包括人口增长、资源危机、环境污染、生态平衡、和平利用空间等；裁减军备、防止核战争、缩小国家间贫富差距、协调信息传播等有关世界政治和国际经济的迫切问题也具有全球性；文化与人的发展具有广泛的世界意义，其中若干领域可能在某一时期上升为严重问题。

2. 全球问题，核心在人类自身，成为当代人文社会科学研究的热点。事实证明，不可能脱离当代自然科学技术发展水平，更不可能脱离当代人文社会科学的综合研究去寻求解决全球问题的对策。

二、20世纪人文社会科学发展的脉络

教材指出，现代意义上人文社会科学的主要学科，基本上都是在19世纪正式形成的。20世纪人文社会科学进入了迅速发展的新时期，学人、学科、学派、成果之多，前所未有。依据人文社会科学的整体发展形态和发展水平，可说它又经历了三个阶段。

（一）20世纪上半叶以分化发展为主导倾向

1. 意识形态背景的分化。近代以来，以西方资本主义意识形态为主要背景的人文社会科学领域，从本世纪起，由于马克思主义影响的增强，一系列重要学科意识形态背景发生显著分化。在哲学以及历史学、文艺学、宗教学、人类学、经济学、政治学、军事学、法学、管理学、教育学、新闻传播学等与意识形态联系较为紧密的学科领域，马克思主义立场、观点的介入，从根本上改变了资本主义意识形态背景一统天下的局面。即使同意识形态的联系不很紧密的学科领域，如心理学、语言学，由于马克思主义价值观的作用，也都有了新视野、新成果，产生了新学派。在马克思主义的影响日益扩大的过程中，由于这样那样的原因，某些理论导向出现过这样那样的曲折和偏差，背离了马克思主义的科学本性，对人文社会科学发展造成负面影响。资产阶级政治势力和一些以维护资本主义制度为宗旨的西方人文社会科学学派，出于意识形态的原因，从各方面与马克思主义思想体系相抗衡。

2. 基本思想方法的分化。20世纪上半叶人文社会科学各学科研究的基本思想方法，或者同科学主义、或者同人文主义哲学思潮相联系，分别形成了实证主义学派和人文主义学派。马克思主义的方法论具有科学的开放性，显示了对于非马克思主义学派方法论的超越。

3. 学科—流派的分化。由于社会实践发展和人文社会科学自

身发展的需求，人文社会科学不断分化出新的学科，各学科内部和不断分化出新的分支学科和新的流派。

4. 综合化进程启动。“分化为主导”是20世纪上半叶人文社会科学整体发展的一个较为显著的阶段性特征。但是分化与综合只具有相对的意义。有的“分化”如某些交叉学科和学派的产生实际是综合的表现；而且在这一时期，科际综合乃至文理综合已初露端倪。

（二）20世纪下半叶逐步走向整体联动

1. 哲学领域的对话和交流日趋活跃。第一，20世纪中叶以后的一段时间，经历了种种曲折，马克思哲学和西方非马克思哲学在特定层面的对话和交流，开始得到强化。马克思主义哲学日益自觉地分析研究当代西方哲学的来龙去脉，及时应答它们的挑战，澄清它们的曲解，客观评价它们各自强调的问题的意义，汲取他们的有益研究成果；这种科学的开放态度，增大了马克思主义哲学对西方哲学中合理成分的包容度，进一步增强了马克思主义哲学对当代西方哲学和其他人文社会学科的影响力。不少当代西方哲学流派的代表人物公开承认在基本理论观点、基本思想方法上受到了马克思主义哲学的深刻影响。第二，在西方哲学内部，科学主义和人本主义两大思潮之间的相互作用显著增强。若干有影响的哲学流派，对于理性与非理性、实证性研究和评价性研究等原先互相拒斥的领域，在不同程度上采取了通融的态度。第三，在人文社会科学体系中，哲学具有某种导向性的影响。当代哲学领域中不同“声部”的对话和交流，有效地推动了20世纪下半叶人文社会科学初步走上综合发展的道路。

2. 系统科学的兴起产生连锁效应。第一，20世纪中期，在哲学方法和各学科特殊方法之间的中介层面，兴起了以系统论为中心的系统科学。40年代形成的系统论、控制论、信息论，互相联系，共同发展，奠定了系统科学的初步基础。60年代与70年代之交，耗散结构论、协同论和突变论先后创立，这是具有方法论意义的系统科学的深化和发展。第二，系统科学不仅向自然科学，而且向人文社会科学提供了各学科普遍适用的可操作性强的科学思想方法；这种被称作“横断科学”的系统科学，通过改变人们的思维方式、研究方法而推动了人文社会科学的初步综合，并使人们看到了人文社会科学与自然科学实现综合的前景。

3. 综合学科成批涌现。第一，综合学科的具体形态包括：科际交叉，由两门或两门以上的学科协同研究同一对象的某一方面，形成综合学科；观点和方法由一门学科向其他学科转移，形成新型的边缘学科；跨部类、跨文化的学科群构成了最为典型的综合学科，如现代管理学。第二，20 世纪中期以后综合学科的大量出现，把人文社会科学乃至自然科学初步联结成网，出现了创造出一个综合性的“大科学”体系的可能性。

4. 世界性话题的研究推进以“人学”为中心的“整体联动”。50 年代起，以现代化为主题的发展理论的研究，一系列全球问题的探讨，未来学的研究，科学社会主义理论的反思和探索，先后成为人文社会科学乃至自然科学多门学科共同关注的以人的研究为中心的世界性话题；人文社会科学发展出现跨文化跨国界跨学科“整体联动”、合作研究的趋势。

5. 研究骨干的通才化和研究人员的群体化。由于人文社会科学的研究对象日益复合化，研究规模日趋扩大，研究人员的智能结构和组合形式分别出现了通才化群体化的发展趋势，这是 20 世纪 50 年代之后人文社会科学初步综合发展的产物和标志。

6. 在人文社会科学的综合化发展成为主导倾向的同时，其分化性发展始终不曾间断，分化的水平有新的突破。

（三）20 世纪末期进入反思—展望期

进入 90 年代之后，从全球范围看，在世界格局第三次变化的影响下，人文社会科学在反思与前瞻中加快了发展步伐。

三、20 世纪中国人文社会科学发展概貌

总的来说，中国人文社会科学的发展相对滞后，但是在若干重要领域，取得了具有世界意义和历史意义的成就；从 20 世纪 80 年代开始，中国人文社会科学发展，显示了前所未有的活力和希望。

（一）中国人文社会科学发展的特殊背景

1. 由于长达 2000 多年封建主义的统治，中国未能与西方同步，从社会内部孕育出近代和现代的人文社会科学体系。

2. 中华民族的传统文化给现代的人文社会科学研究打上了深重的印记。

3. 20 世纪中国社会革命和社会发展道路艰难曲折。在一定意义上，现代中国人文社会科学发展的主潮，同社会主义在中国的历史命运，同马克思主义在中国的传播、演化和发展，是密切相关的。

4. 综上所述，外来文化与本土文化之间、传统文化与现代文化之间、社会革命与学术建设之间的复杂的联结和冲突，以及这三个系列之间的复杂的关联与撞击，使现代中国人文社会科学的发展在 20 世纪人文社会科学的世界版图上有着某种特别的位置和色调。

（二）中国人文社会科学发展的曲折道路

1. 引进、移植与选择。现代中国人文社会科学的兴起，从主导的一面看乃是在现代外国人文社会科学的影响、冲击下，所作的一种自觉的反应。20 世纪前半叶，大体上先是引进、移植，继而通过时代的选择，也出现了近似于同一时段世界人文社会科学那样逐步分化发展的态势。引进始于 19 世纪～20 世纪之交，而人文社会科学在现代中国的分化发展，本质上反映出中国的社会实践对科学理论的选择性需求。这种时代的选择在思想文化领域的一系列论战及其成果中得到集中的表现。对人文社会科学发展影响最大的论

战，一是从“五四”新文化运动开始并贯串整个世纪东西方文化关系的论战，二是1923年的“科学与人生观论战”，三是20年代～30年代的中国社会性质论战，四是中国共产党内马克思主义与各种主观主义特别是教条主义的论战。

2. 革新、建设与曲折。新中国成立后，人文社会科学经历了一次革命的洗礼。其基本点，就是用马克思列宁主义毛泽东思想的立场、观点、方法指导各个学科的改造和建设。这场革命改变了人文社会科学和思想文化界的总体面貌，影响了全国人民的思维方式和精神状态，影响了世界。这一革新是在特殊的历史条件下通过开展大规模的学习运动和批判运动的方式进行的。它的积极方面，是在一个较短的时间，在一个生产力相当落后的国度启动了划时代的人文社会科学和思想文化建设工程，在若干学科领域出现了有科学预见、有本土特色、有发展前景的研究成果。连续开展的批判运动也有明显的消极影响，主要是阶级斗争庸俗化、扩大化，学术问题政治化，科学研究封闭化，在不同程度上否定了人文社会科学作为人类文明的结晶所具有的相对独立的品格，误伤了一批学科和学派、学者。在新生的人民政权得到巩固以后，各级政府对人文社会科学的建设的支持力度加大。随着“以阶级斗争为纲”的思潮在稍经起落后终于席卷整个思想文化领域，中国人文社会科学的发展受到重大挫折。十年“文化大革命”，人文社会科学各领域均遭受严重摧残，给社会和文明带来了巨大灾难。

3. 开发、重建与发展。中国人文社会科学的复苏始于1978年中国哲学和整个人文社会科学界关于真理标准问题的讨论。这场讨论是对30年来马克思主义在中国命运的深刻历史反思，是一场伟大的思想解放运动。邓小平关于解放思想、实事求是的论述深入人心，成为人文社会科学开放、重建与发展的根本指针。70年代～80年代之交，中国又一次大规模地引进外国的人文社会科学学说。中国人文社会科学界坚持“拿来主义”的立场、理论联系实际的原则和“百花齐放、百家争鸣”的方针，坚定不移地以马克思主义为指南，走自己的路。大批反映时代精神的人文社会科学的成果问世，老、中、青相组合的专家队伍迅速壮大。与世界人文社会科学的走势一致，交叉学科、新兴学科不断增多，到80年代末形成了人文社会科学的庞大体系，90年代进一步加速发展。在一定意义上，邓小平理论不但是中国共产党人和中国人民在建设有中国特色社会主义的历程中集体智慧的结晶，也是20世纪，特别是20世纪下半叶中国人文社会科学精华的综合体现。最后应该看到，我国的人文社会科学发展还存在许多困难和问题，中国人文社会科学工作者任重而道远。

四、20世纪人文社会科学发展的总体特点

教材指出，20世纪世界人文社会科学发展，在社会实践与科学理论的互相推动、科学体系的基本形成、人的主题的普遍凸现等方面，特色显著。

（一）社会实践与科学理论的交互作用日趋明显

1.20世纪人文社会科学发展，较以往更为充分地体现出科学理论对于社会实践的依存性。首先，没有哪一门主干学科，不是以20世纪人类的社会实践为第一理论源泉的。由于20世纪是人类历史上变化最大、发展最快、争斗最烈、震荡最多的一个世纪，这就为人文社会科学研究提供了极其丰富的现实研究课题，催生了一大批人文社会科学新学科，造就了一大批新学派，形成了许多新观念、新理论、新方法。其次，20世纪人类社会实践为人文社会科学培育了具有时代特色的研究主体，并为人文社会科学创造了先进的研究手段。

2.20世纪人文社会科学发展，较以往更为充分地体现出科学理论对于社会实践的能动作用。总的来说，在20世纪人类自我认识的历程中发挥了先导作用，在人类的思想文化领域发挥了教育作用，在处理人类与自然的关系、人与人的社会关系、人与自身的关系等方面发挥了调控作用，在人文社会科学与自然科学结盟的潮流

中发挥了促进作用。

（二）多科性综合性的科学体系逐步形成

1. 多科性，与人文社会科学研究的广度和深度的拓展相联系。人文社会科学研究的时空视野越宽，对于人文社会科学的各层次和侧面的理性认识越深，人文社会科学各个层面上学科的数量就会相应增多。90 年代人文社会科学的学科总数已达两千门之多。

2. 综合性有两层含义。首先，人文社会科学的研究对象具有高度的综合性，人文社会科学对外主动和自然科学联系，对内积极推进各学科交叉联结。其次，人文社会科学目前作为与自然科学相联结又相对应的一大科学部类，自身结构具备有机统一的特征。

3. 当今人文社会科学的结构形态可作如下描述。哲学作为涵盖面最广的学科，位于最高层次；横贯自然科学和人文社会科学的系统科学等属横断学科，在较高水平兼跨两大科学部类的管理科学、行为科学、人口科学、社会生态学、科学学等属综合学科；这两类学科列第二层次。第三层次是哲学之外的人文社会科学主干学科，大体分成三个板块：人文研究学科群；社会研究学科群；主要倚重于人文社会科学但又兼涉自然科学的混合型学科群。以下便是大量分支学科，还可以划分层次与板块。人文社会科学的结构形态还在不断发生变化。

（三）人的解放和发展受到广泛关注

1. 20 世纪人文社会科学发展的一大特点是，各门学科先后认同“人”这个聚焦点，自觉地从不同的背景和角度，把关于人的解放和发展的认识步步推进。

2. 各主干学科在推进关于人的解放和发展的认识方面作出了特殊贡献；对人的认识的深化，又从根本上带动了许多学科的建设。

3. 人文社会科学对人的解放和发展的关注，导致哲学层面上的“人学”的兴盛。在某种意义上，这门学科是对其他学科研究成果的综合，它的综合研究成果又推动着各人文社会学科上升到一个新的高度。马克思主义的人学，将进一步以其创始人确立的科学理论和方法为指南，综合当代人学的最新成果，深化人类的自我认识，促进人的真正解放和全面发展。

重点辅导

第四章的重点为：20世纪人文社会科学的发展脉络；20世纪人文社会科学发展的总体特点。特别要注重了解20世纪下半叶全球人文社会科学的发展概况，理解20世纪人文社会科学发展的总体特点是人文社会科学发展规律的具体表现。

一、关于20世纪人文社会科学发展的脉络

(一) 要了解20世纪人文社会科学在整个人文社会科学发展史上的地位和教材从纵向疏理20世纪人文社会科学发展主线的角度

第一，教材第一章把14世纪以前人类文化发展的漫长历史时期划为人文社会科学的孕育奠基阶段，把14世纪到19世纪划为人文社会科学生成发展阶段，认为20世纪人文社会科学蓬勃发展，进入了拓展反思阶段。

第二，可以从纵向选择不同的角度分析和概括20世纪人文社会科学发展的脉络。第四章采取的主要视角是人文社会科学的整体发展形态，以及与之密切相关的整体发展水平。所谓“发展形态”，包括分化性发展、综合性发展、系统分化和系统综合相协同的发展等。20世纪上半叶以分化性发展为主导倾向，20世纪下半叶逐步以综合性发展为主导倾向，20世纪末围绕回顾与前瞻加快系统化发展步伐：这三个“阶段性特征”的概括，着眼点都是人文社会科学的整体发展形态，兼及整体发展水平。须强调的是，分化和综合同属一个完整统一的运动过程，不能把这两种相互对应又相互依存的发展形态，绝对化地割裂开来、对立起来；这个观点，第四章反

复重申，第八章还将进一步阐述。

第三，20世纪全球人文社会科学发展的阶段性，与时代主题的三次转换直接相关，20世纪中国人文社会科学发展的阶段性，则与中国社会革命的进程直接相关。了解20世纪世界和中国人文社会科学发展的脉络，须同第一节“20世纪人文社会科学发展的背景”的学习联系起来。

（二）要充分认识20世纪上半叶人文社会科学分化发展的历史价值特别是马克思主义广泛传播所造成的人文社会科学体系性分化的重大革命意义

第一，充分肯定分化发展的历史价值。教材第一章指出：人类科学发展，一般沿着较低水平的综合向较为精细的分化，再由分化向较高水平的综合螺旋式路线前进。第四章又强调，从历史的眼光看，有分化才有综合。20世纪上半叶人文社会科学的分化发展，包括意识形态背景的分化，基本思想方法的分化，学科—流派的分化，标志着人文社会科学的重大历史进步。

第二，充分认识马克思主义的广泛传播，对于人文社会科学分化发展（以及综合发展）的重大影响。在某种意义上，马克思主义是对19世纪中后期之前世界人文社会科学研究成果的一次跨学科的大综合；如《资本论》，就把经济学与哲学、政治学、社会学、历史学、法学等综合起来，形成一个整体。马克思主义的诞生，正如第一章所说的那样，从根本上把对人和社会的认识变成了科学。从20世纪起，马克思主义广为传播，从意识形态背景到基本思想方法领域，在人文社会科学发展史上造成了一次具有重大革命意义的体系性分化。1995年9月在法国巴黎召开了“马克思主义100年——回顾与探索”为主题的大型国际研讨会，来自世界各地的与会者上千人，其中学者近500人；会议宣告“马克思没有死”，对于当代全球问题的研究，马克思主义仍然是最有生命力的科学思想体系。马克思主义一直处在发展过程之中。江泽民在中国共产党第十五次全国代表大会上的政治报告中指出：“马克思主义是科学，它始终严格地以客观事实为根据。”“在当代中国，马克思列宁主义、毛泽东思想、邓小平理论，是一脉相承的科学体系。”当然，马克思主义并不是人文社会科学的全部内涵，不能替代人文社会科学各学科的研究和发展。

第三，在讨论基本思想方法的分化这一问题时，不可忽视 20 世纪上半叶西方人文社会科学领域中科学主义方法和人文主义方法的分化和交锋的积极意义。关于科学主义和人文主义，这里只须作粗略了解，后面将进一步接触这方面的知识。

第四，学科—流派的分化，教材作了比较具体的阐述，须掌握其要点。

（三）要着重了解 20 世纪下半叶人文社会科学逐步以综合发展为主导倾向的主要标志和历史价值

对于逐步以综合发展为主导倾向，教材的表述方式是“逐步走向整体联动”。20 世纪 40 年代，控制论的创始人、美国数学家维纳曾说过，从 18 世纪起，科学日益成为专门家在愈来愈狭窄的领域内进行着的事业。这句话说明了分化发展的局限性。20 世纪下半叶，综合发展逐步成为人文社会科学界自觉追求的目标。

第一，第四章从五个方面概括 20 世纪下半叶人文社会科学逐步以综合发展为主导倾向。这五个标志是：哲学领域的对话和交流日趋活跃；系统科学的兴起产生连锁效应；综合学科成批涌现；世界性话题的研究推进以“人学”为中心的“整体联动”；研究骨干的通才化和研究人员的群体化。前三个标志与 20 世纪上半叶人文社会科学发展形态的三种主要表现，存在明显的对应、比较关系；第四个标志同 20 世纪人文社会科学发展的背景中“日益尖锐化的当代全球问题”直接相关；第五个标志说的是人文社会科学综合发展所带来的研究主体的智能结构和组合形式的深刻变化。对这五个标志，第四章作了比较具体的解说。在全面了解五个标志的要点和它们之间的内在联系的基础上，学习者可选择自己有兴趣的部分，着重学习思考。

第二，充分认识综合发展的历史价值。人文社会科学的研究对象人与社会，是一个多层次、多序列、多结构、多变动的复杂整体。人文社会科学的分化发展，有利于比较深入的研究和认识某个专门领域的现象，但是如果停留于此，将难以揭示人的发展和社会发展的本质和规律。随着社会历史文化条件变化，“打破学科孤立发展的围城”、“不要让一个专业的人在一张桌子上吃饭”、“理论的力量在于综合，在于协同运用”等呼声日益强烈，人文社会科学研究主体的观念、知识能力结构、组织形式都发生了重要的变革，早已启动的人文社会科学综合化进程终于在20世纪下半叶取得了历史性的突破，使人文社会科学发展跟上了时代前进的脚步，出现了文—文沟通、文—理沟通，共同创造一个综合性的“大科学”体系的现实可能性。这不仅是人文社会科学发展史，而且是人类科学发展史、人类文明发展史的里程碑。

第三，充分肯定20世纪下半叶中国人文社会科学取得的重大成就。第四章第三节“20世纪中国人文社会科学发展概貌”的重点，在于新中国成立之后人文社会科学在若干重要领域所取得的具有世界意义和历史意义的成就。要重点了解1978年以来中国人文社会科学的独特道路和重大进展，理解与马克思列宁主义、毛泽东思想一脉相承的邓小平理论，“也是20世纪、特别是20世纪下半叶中国人文社会科学精华的综合体现”这一观点。与此同时，还要深入领会邓小平1979年关于“我们已经承认自然科学比外国落后了，现在应该承认社会科学的研究工作（就可比的方面说）比外国落后了”的重要论断。

第四，密切关注世界和中国普遍推行以文理综合为重要导向的教学内容和课程体系的改革潮流；领会这场改革与人文社会科学综合发展、人文社会科学与自然科学综合发展趋势的内在联系。

（四）要了解20世纪末期人文社会科学发展的总主题和发展态势

第一，90年代人文社会科学的总主题是反思与展望。

第二，90年代人文社会科学发展步伐加快，出现了高层次分化和高层次综合同时并进的系统化发展趋势。90年代直至世纪之交人文社会科学的发展态势，第八章专门讨论。

二、关于 20 世纪人文社会科学发展的总体特点

（一）要理解 20 世纪人文社会科学发展三个总体特点的事实和理论依据

第四章在从纵向把 20 世纪人文社会科学发展区分为三个阶段，并分析了阶段性特征的基础上，又着眼于整体，把 20 世纪人文社会科学发展总体特点概括为三个方面。为什么作出这样的概括呢？

首先是尊重史实，充分考虑 20 世纪与 19 世纪世界人文社会科学发展状况的比较；比较下来，20 世纪“既有历史承传性，又有重大突破”，三个总体特点都主要立足于突破性进展。

其次是按照教材反复阐述的人文社会科学发展的基本理论。第一个总体特点“社会实践与科学理论的交互作用日趋明显”，理论基础是第一章中关于人类社会实践与人文社会科学理论互动关系的阐述；第二个总体特点“多科性综合性的科学体系逐步形成”，理论背景是第一章中关于人文社会科学结构体系和第四章中关于人文社会科学发展轨迹的基本观点；第三个总体特点“人的解放和发展受到广泛关注”，理论依据是教材关于人文社会科学研究对象和研究目的的阐释。

从事实依据和理论依据两方面去理解第四章对 20 世纪人文社会科学发展总体特点的概括，易于以简驭繁，前后贯通。

（二）要理解三个总体特征的主要内涵

三个总体特征的内涵十分丰富，重要的是抓住关键，领会基本精神。

理解第一个总体特征，宜着眼于“互动”。教材分析科学理论对于社会实践的依存性和能动作用，采用了分别举例的方式，学习者容易忽略在这后面包含着的理论与实践的互动关系。理解时可联系自己所熟悉的某一个人文社会科学的知识领域，看看在这个特定的领域中，社会实践和科学理论是怎样交互作用的。比如第四章提

到的全球学。全球学是以那些威胁人类生存，而一国又无法单独解决的重大问题为研究对象的。全球问题形成之前，无所谓全球学。全球性的各种新问题不断产生，全球学的理论、方法逐步形成，研究领域逐步拓宽，研究深度逐步从探索产生全球问题的自然系统深入到社会系统、深入到人类的精神文化系统；全球学的理论成果不断受到社会实践的检验，具有真理性、合理性的成果有效地推进了若干全球问题的解决，不断产生积极的社会效益，并且反过来推动了全球学的学科建设；不具有真理性、合理性的成分则受到扬弃，从另一方面推动了全球学的发展。总之，全球问题造就了全球学，推进了全球学；全球学又为解决全球问题服务，在解决全球问题的过程中获得发展：这里，典型地反映了社会实践与科学理论的交互作用，也就是“互动”。

理解第二个总体特征，要注意“逐步形成”，也就是着眼于发展。第一章讨论人文社会科学结构体系时特别强调，描述复杂的科学结构体系，需要多种分类视角；而且，人文社会科学结构体系正处在发展变动之中。第四章提供的当今人文社会科学多科性、综合性的结构形态，在分类视角上与第一章既有联系又有区别，它更多地反映了20世纪下半叶人文社会科学体系的发展和变动。作为一个开放的庞大的体系，在一个人文社会科学和自然科学交叉互补的历史时期，人文社会科学的结构形态还会有更大的发展和变动，对于人文社会科学结构体系进行描述的观点和方式也还会有发展和变动。我们要以科学的态度、发展的观点对待诸如此类的问题。

理解第三个总体特征，要着眼于人文社会科学的历史使命，也就是强调人的自我认识。第一章提出，各种人文社会学科研究的最后目标都是人，只是它们研究人的角度、领域和层次不同。第四章进一步指出，并不是每门学科一开始就都有这样的自觉，研究者对人的认识更是千差万别。20世纪人文社会科学发展的一个带有根本性的特点是：人，人的解放和发展，越来越成为各门人文社会学科自觉探讨的焦点。不是说20世纪下半叶人文社会科学逐步走向“整体联动”吗？“联动”的轴心是人，是人学。随着时间的推移，人文社会科学对人的认识步步推进，管理学的发展就是一个好例子。第四章对哲学、心理学、人类学、社会学、教育学和未来学等学科在这方面作出的特殊贡献，分别作了一两句话的简要概括。虽然是一两句话，内涵却很丰富。第四章又对哲学层面上的“人学”作了简单介绍，内涵也很丰富。学习者只须围绕“人的解放和发展受到广泛关注”这个中心作粗略了解，完成第二编学习后回头看，将会有新的体会。

难点提示

第四章是继第一章之后涉及的学科人物史料、概念名词术语等最多的一章，陌生的知识较多。须从大处着眼，重视把握要点。重点部分即第二节、第四节，需要注意的难点主要有以下几处。

一是第二节中“基本思想方法的分化”。这里说的基本思想方法，就是指的方法论。马克思主义哲学方法论与非马克思主义哲学的方法论的区分比较容易理解，科学主义与人本主义两大哲学思潮方法论的区分只须理清要点、初步领会精神，有些需要弄清楚的具体问题可留待学习第五章、第八章时解决。

二是第二节中“系统科学的兴起产生连锁效应”。什么是系统科学，系统科学中的系统论的代表人物、主要观点和一般系统论的原则，系统科学的兴起对人文社会科学综合化进程的作用，可根据教材理解掌握。对于控制论、信息论、耗散结构论、协同论、突变论在系统科学中的地位须作一般了解，不必求之过多过深。

三是第四节中关于多科性综合性的科学体系结构的描述。可参看本指导书第四章重点辅导的有关部分，重在理清思路，领会基本观点。

四是第二节和第四节先后提及的“人学”。第二节中第三小节所说的“人学”泛指以人的研究为中心的科学，这一点可从上下文的联系中领会。第四节中第三小节所说的“人学”，则是哲学层面上带有综合性的学科，可依据教材的要点作初步理解。

学 习 建 议

1. 第二编是个整体，它的结构是“总—分—总”，“大—小—大”，“宏观—微观—宏观”；第四章是20世纪人文社会科学发展的鸟瞰。学习第四章，要特别注意掌握全章的结构提纲，以及每一节的结构纲要。在一定意义上，这就是第二编的纲。“纲举目张”，为第五、六、七三章的学习打好基础，为第八章学习做好准备。

2. 学习第四章，仍须重温第一编，特别是第一章。

3. 本章用作例证的人文社会学科，如人口学、全球学等，只需在教材涉及的范围内作一般性了解；本章所涉及的最重要的人文社会科学代表人物，可借助工具书作初步了解。

4. 注重联系实际。可以从学习者的知识库存中提取有关信息，更可以从世界和中国正在发生的重大事件中寻找联系点。继续联系世界和中国的教育改革走向，以及初等教育实践，思考有关人文社会科学理论的问题。

自 测 题

一、语词解释

1. 时代主题
2. 全球问题
3. 系统科学
4. 综合学科
5. 人学

二、填空题

1. 历史学家认为，20世纪是人类历史上变化最大、______、______、______的一个世纪。

2. 20世纪世界格局首次变动前后的时代主题是______，世界格局第二次变动前后的时代主题是______，世界格局第三次变动前后的时代主题是________。

3. 我国科学家概括，第二次世界大战以来的头一个10年，以原子能的解放与利用为标志，人类开始了利用核能的新时代；第五个10年，以________________为标志，人类进入了信息革命的新纪元。

4. 20世纪自然科学的综合化有三种表现：一是自然科学各学科、技术各领域内部的综合，二是自然科学________、________的综合，三是自然科学与________的综合。

5. 全球问题的核心在人类自身。这种认识在方兴未艾的________理论的探讨过程中，特别鲜明地凸现了出来。

6. 20世纪人文社会科学进入了迅速发展的新的历史时期，学人之多，________，________，________，都是前所未有的。

7. 对________的发展影响最为深刻的哲学，在19世纪实现了从传统到现代的重大变革，成为19世纪到20世纪________发展的重要思想背景。

8. 20世纪中期，在哲学方法和各学科特殊方法之间的中介层面兴起的系统科学，不仅向________，而且向________提供了各学科普遍适用的________的科学思想方法。

9. 20世纪中期以后，两大科学部类的各个学科孤立发展的情况逐步改变，各种联系被逐步发现，出现了进一步把握科际联系，从而创造出一个综合性的“________”体系的可能性。

10. 外来文化与本土文化之间、________与________之间、________与________之间的复杂的联结和冲突，以及这三个序列之间的复杂的关联与撞击，使现代中国人文社会科学发展在20世纪人文社会科学的世界版图上有着某种特别的位置和色调。

11. 100年来，与自然科学的迅速发展相对应、相联系，通过不断分化、综合，具有________性、________性的人文社会科学的庞大体系逐步形成。

12. 20世纪人文社会科学出现了一个日益清晰的聚焦点：________，__________。

三、选择题

1. 在完整的意义上,“世界格局”指的是(　　)

A. 国际社会关系的基本结构

B. 主要大国之间的力量组合

C. 重要国家集团之间的力量组合

D. 世界经济体系的组合

2. 成为 20 世纪上半叶自然科学技术“起飞”的主要信号是(　　)

A. 人造地球卫星升天

B. DNA 重组

C. 相对论和量子力学建立

D. 试管婴儿培育成功

3. 就现代科学发展状况看,“科学无国界”这一说法比较适用于(　　)

A. 人文社会科学领域

B. 自然科学技术领域

C. 人文社会科学与自然科学技术两大领域

D. 新兴科学技术领域

4. 下列社会过程和现象尚不属“全球问题”的(　　)

A. 人口增长、资源危机、环境污染、生态平衡等问题

B. 裁减军备、防止核战争、缩小国家间贫富差距等有关世界政治和国际经济的迫切问题

C. 和平利用空间、协调信息传播问题

D. 普及义务制高等教育问题

5. 系统论的创始人是(　　)

A. 维纳　　B. 申农

C. 贝塔朗菲　　D. 普利高津

6. 下列一组学科被认为是最为典型的综合学科(　　)

A. 哲学、文艺学、历史学

B. 现代管理学、人口科学、科学学

C. 经济学、社会学、政治学

D. 法学、教育学、新闻传播学

7. 发动了早期有组织的全球问题研究活动并陆续发表《增长的极限》、《回答未来的挑战——学无止境》等一系列著名的研究报告的学术团体是(　　)

A. 罗马俱乐部　　B. 斯坦福国际问题研究所

C. 兰德公司　　D. 赫德森研究所

8. 20世纪中国人文社会科学发展走过了曲折的道路。显示了前所未有的活力和希望的时期是(　　)

A. "五四"新文化运动前后　　B. 20年代

C. 50年代　　D. 80年代之后

9. 20世纪中国20～30年代持续十年之久，对人文社会科学发展影响重大的论战是(　　)

A. 东西方文化关系的论战

B. 科学与人生观论战

C. 中国社会性质论战

D. 中国共产党内马克思主义与各种主观主义特别是教条主义的论争

10. 新时期中国人文社会科学开放、重建与发展的根本指针是(　　)

A. "实践是检验真理的惟一标准"

B. "拿来主义"

C. 拨乱反正

D. 邓小平关于解放思想、实事求是的理论

11. 据有关资料分析，1978年以后当代中国人文社会科学研究成果最为突出的学科是(　　)

A. 经济学　　B. 管理学　　C. 历史学　　D. 政治学

12. 许多人文社会学科共同关注和探讨的现代化理论指出，全球性的现代化运动，是人类发展史上一次巨大而复杂的革命性变迁；世界各国卷入这一潮流的时间有先有后，除"先行者"之外，

迄今至少可区分为四个轮次，中国目前所处的阶段是(　　)

A. 后继者　　B. 新来者　　C. 赶超者　　D. 后进者

四、简答题

1. 20 世纪世界自然科学技术的迅猛发展对人文社会科学发展的积极影响主要表现在哪些方面?

2. 依据人文社会科学的整体发展形态和发展水平，20 世纪世界人文社会科学的发展可以分为哪几个阶段?

3. 怎样科学地评价系统科学的兴起对人文社会科学发展的作用?

4. 中国为什么未能从社会内部孕育出近代和现代的人文社会科学体系?

5. 怎样认识马克思列宁主义、毛泽东思想、邓小平理论同 20 世纪中国人文社会科学发展的关系?

五、论述题

1. 试以管理学的发展为例，说说 20 世纪人文社会科学发展的总体特点。

2. 概述 20 世纪中国人文社会科学发展道路。

3. 当前世界和中国从小学到大学，普遍推行以文理综合为重要导向的教学内容和课程体系的改革。你所在的学校是否也在进行这样的改革? 说说这场改革与人文社会科学综合发展、人文社会科学与自然科学综合发展趋势的关系。

参考答案

一、语词解释

1. 全球一个时代的政治、经济、文化发展走势的聚焦点，全球发展格局的集中体现。

2. 与整个世界全体人类的生存发展密切相关的重大问题。

3. 20 世纪中叶兴起，以系统论为中心、倡导系统方法的科学方法论。其地位处于哲学方法和各具体学科的特殊方法之间。

4. 综合两门或两门以上的学科的理论和方法进行科学研究的新学科。

5. 有广狭二义。广义的“人学”泛指以人的研究为中心的人文社会学科。狭义的“人学”指从哲学的高度探索人性奥秘、人生价值及人的发展等问题的综合性学科。

二、填空题

1. 发展最快 争斗最烈 震荡最多

2. 战争与革命 对抗和对话 和平与发展

3. 以电脑软件开发和大规模产业化

4. 各学科之间 技术各领域之间 技术

5. 可持续发展

6. 学科之多 学派之多 成果之多

7. 人文社会科学 其他人文社会学科

8. 自然科学 人文社会科学 可操作性强

9. 大科学

10. 传统文化 现代文化 社会革命 学术建设

11. 多科 综合

12. 人 人的解放和发展

三、选择题，

1. A 2. C 3. B 4. D 5. C 6. B 7. A 8. D 9. C 10. D 11. A 12. C

四、简答题

1. 主要表现为：第一，自然科学技术的“指数增长”及其复杂社会后果向人文社会科学提出了挑战，也提供了机遇。第二，自然科学技术发展的多种形态的综合化对人文社会科学的综合化进程产生重要影响。第三，世纪下半叶自然科学技术国际化的趋势促进了人文社会科学的国际对话和国际合作。第四，为人文社会科学研究提供了新的手段和工具，提高了人文社会科学研究的效率。

2. 它经历了以下三个发展阶段：20世纪上半叶以分化发展为主导倾向、分化中有综合的阶段；世纪的下半叶以综合发展为主导倾向、综合中有分化、逐步走向整体联动的阶段；世纪末期进入反思—展望、加快发展步伐的阶段。

3. 首先要充分肯定系统科学的兴起的重要意义：在科学方法研究方法这个领域，提供了有普遍应用价值的科学思想方法；它上承哲学方法，下启各学科特殊方法，对于改变人们的思维方式，进一步沟通人文社会科学各学科之间以及人文社会科学与自然科学之间的关系，推动科学的综合化发展进程，产生了积极而广泛的影响。其次也要看到，系统科学并不是万能的，系统方法用于各不同学科会出现不同的问题；要防止生搬硬套。

4. 主要原因在于受到了长时期的封建主义的禁锢。中国古代就产生了丰富而先进的哲学、历史、文艺、教育、法律思想，但是由于封建主义在政治上的专制、在思想文化上的封闭僵化，致使中国未能与西方同步，从社会内部孕育出近代和现代的人文社会科学体系。

5. 马克思列宁主义、毛泽东思想、邓小平理论一脉相承，都具有科学性、实践性、发展性。首先，马克思列宁主义在中国的传播，导致深刻的文化思想革命，对20世纪中国人文社会科学的发展，产生了具有根本性质的重大影响。其次，20世纪中期发展到了成熟阶段的毛泽东思想，是中国共产党人和中国人民在马克思列宁主义理论与中国革命实践相结合的过程中集体智慧的结晶，它指导了中国人文社会科学的改造和建设；同时，在某种意义上，它又是20世纪上半叶中国人文社会科学精华的综合体现。再次，邓小平理论是中国共产党人和中国人民在建设有中国特色社会主义历程中集体智慧的结晶，它把中国人文社会科学发展引向了前所未有的充满活力和希望的新时期；同时，在一定意义上，它又是20世纪、特别是20世纪下半叶中国人文社会科学精华的综合体现。最后，马克思列宁主义、毛泽东思想、邓小平理论是中国人文社会科学发展的指南，但是并不能代替人文社会科学各领域、各学科的具体研究。

五、论述题

1. 答案要点：管理学在20世纪的发展，相当典型地反映了这个世纪世界人文社会科学发展的总体特点。

第一，管理学的产生和发展，典型地反映了20世纪人文社会科学发展中“社会实践与科学理论的交互作用日趋明显”的鲜明特点。在资本主义国家中，管理和科学技术被认为是经济高速发展的两个轮子；在十月革命胜利后不久的苏联，列宁把管理作为社会主义革命的一项最困难、最能收效的中心任务。应运而生并对社会实践发挥了能动作用的管理学，在人文社会科学乃至大科学体系中的地位不断上升。

第二，第二次世界大战之后，除管理者和管理学家之外，心理学、社会学、人类学、经济学、生物学、数学、哲学等学科的专家也纷纷介入，从各自的背景，用不同的视角和方法研究同一个对象——对人、事、物等组成的物质—社会—文化系统进行自觉控制的行为和过程，以至形成了现代管理理论的“丛林”，并发展成为跨科学部类、跨地域文化和民族文化的学科群——具有多科性、综合性的管理科学。可以说，管理学的发展，是20世纪世界人文社会科学通过不断分化、综合，形成了多科性、综合性庞大体系这一总体发展特点的缩影。

第三，管理学的发展，从根本上说，体现了对人的认识的深化。管理学研究的焦点，从自然人、机器人，到“经济人”，到“社会人”，到“复杂人”，到“信息人”、“文化人”等，标志着管理学几度飞跃。这一发展轨迹，充分反映了20世纪世界人文社会科学发展的最重要的一个总体特点：人的解放和发展受到前所未有的广泛关注。

（此答案要点的全部材料取自教材的不同章节；重点参阅教材第六章第五节；可参考教材和指导书“重点辅导”第二部分）

2. 答案要点：20世纪中国人文社会科学的发展具有若干本土特征，走过了一条曲折向上的道路。20世纪上半叶，先是引进、移植，继而通过时代的选择，逐步分化发展；50年代起，经历了革新、建设阶段，因“文革”爆发而出现严重挫折。从70年代末开始，正本清源，解放思想，恢复和弘扬实事求是的精神，立足现实，对外开放，各学科全面重建，中国人文社会科学在各领域取得丰硕的成果，其发展呈现出前所未有的活力和希望。

（回答此题可参照教材和指导书相关内容）

3. 答案要点：第一，教育是文化事业的组成部分，教育观念和教育实践深受科学文化思潮发展的直接影响。人类科学的发展，总是沿着较低水平的综合向较为精细的分化，再由分化向较高水平的综合螺旋式路线前进。有分化才有综合，有较高水平的综合才有较高水平的分化。20世纪下半叶，综合发展逐步成为人文社会科学和自然科学界的自觉追求。“打破学科孤立发展的围城”、“不要让一个专业的人在一张桌子上吃饭”、“理论的力量在于综合，在于协同运用”的呼声日益强烈；研究骨干通才化；研究人员群体化：出现了文—文沟通，理—理沟通，文—理沟通，共同创造一个综合性的大科学体系的现实可能性。当前的世界和中国，从小学到大学，都在改革教学内容和课程体系；这场改革的重要指导思想之一，就是强调文理综合。这正是当代人文社会科学乃至大科学综合发展的理论和实践的产物。

第二，教育观念和科学文化思潮，说到底，都是社会实践需求和时代精神的反映。文理综合的教育观念和倡导综合发展的科学文化思潮，同样反映了20世纪下半叶新的社会实践的需求，体现了新的时代精神。所谓新的社会实践的需求，就是信息社会、知识经济对人的知识能力结构的需求；所谓新的时代精神的召唤，就是提高人的整体素质的召唤。新的世纪，要求人类走出自然科技“指数增长”而人文精神失落的“半个人的时代”；要求自然科学和人文社会科学结盟、交融；要求从小学到大学的教育，改变重理轻文、重“智”轻“情”、重知识技能轻态度方法、重分析轻综合、重物质追求轻精神价值的培养“半个人”的倾向。从这样的角度，去认识以文理综合为重要导向的教学内容和课程体系的改革实践，与科学综合发展趋势的内在联系，有助于更为深刻地认识教学改革的时代特征和历史意义。

（回答此题要按照要求结合教学改革的具体案例，理论部分可参照指导书“重点辅导”第一部分）

DI WU ZHANG

第五章

哲学历史学文艺学宗教学的新突破

学习目标与要求

第五章介绍20世纪传统的人文科学学科群文史哲的发展概貌。其中的哲学所取得的重大突破，对20世纪人文社会科学的总体发展产生了深刻影响。学习第五章的具体要求是：

1. 了解20世纪世界和中国哲学研究的突破性进展。
2. 了解20世纪历史学的重要变革。
3. 了解20世纪文艺学的重大进展。
4. 一般了解20世纪宗教学的概貌。
5. 了解文史哲以及宗教学20世纪发展的共通特点。

知 识 结 构

第五章共分四小节。第一节从20世纪哲学发展的理论先导、马克思主义哲学的广泛传播和重大发展、西方非马克思主义哲学的演化、当代中国马克思主义哲学研究的突破性进展四个方面介绍20世纪哲学发展概貌。第二节、第三节和第四节分别介绍实现了重要变革的现代历史学对文学艺术发展规律进行深入探讨的现代文艺学，以及影响广泛的宗教学。

上述四小节，全着眼于20世纪，特别是在第二次世界大战以后的社会历史条件下，传统的人文学科所取得的新突破。第一节为本章重点。

一、感应着时代脉搏的现代哲学

教材引用马克思主义创始人的论断，强调任何真正的哲学都是自己时代精神的精华，并将发展成为文明的活的灵魂。

（一）20世纪哲学发展的理论先导

1. 哲学在人文社会科学乃至大科学体系中占有较为特殊的地位。什么是哲学，不同时代、不同学派的哲学家的回答是不同的。马克思主义总结哲学发展的历史，认为哲学反映了人们对于整个世界的总的看法，是世界观的理论体系，是理论化、系统化的世界观。

2. 19世纪中叶产生的马克思主义哲学，建立了辩证唯物主义和历史唯物主义一体化的理论系统，开创了哲学发展史的新纪元。

3. 与此同时，西方部分哲学家强调哲学应当以实证自然科学为基础，以描述经验事实为限，以取得实际效用为目标，由此奠定了现代西方哲学中科学主义思潮的基础。西方另外一部分哲学家强调哲学要由突出对外部世界的研究转向突出对人自身内心结构的研究，突出人的内在心理体验和非理性的直觉，突出个人的独特个性、生命、本能，由此开创了现代西方哲学中的人本主义思潮。

4. 19世纪马克思主义哲学的诞生，西方非马克思主义哲学形成科学主义与人本主义两大思潮，这些作为理论先导，支配了20世纪哲学发展的基本走向。

（二）马克思主义哲学的广泛传播和重大发展

1. 20世纪世界哲学取得重大突破的首要标志，是马克思主义哲学在20世纪的社会历史运动和科学革命中得到运用，得到检验，得到不断的丰富和发展。

2. 20世纪初，列宁运用马克思主义的世界观和方法论，对辩证唯物主义和历史唯物主义作了全面的创造性发展。列宁基于新的社会实践经验，较早地认识到在非西方发达资本主义国家中进行社会主义革命和建设，必须走迂回曲折之路；经济建设的核心是发展商品经济，政治建设的核心是建立民主政治，思想文化建设的核心是开展不离开世界文明发展大道的文化革命。列宁对人类社会历史发展同一性与多样性的辩证关系作出了新的深刻的概括，显示了马克思主义哲学强大的生命活力。列宁的遗训和科学精神未能得到持续贯彻，导致一种超越社会历史发展阶段的僵化的“社会主义”模式的出现和苏联的解体。

3. 20世纪初期到中期，以毛泽东为代表中国共产党人运用马克思主义哲学分析中国特殊的社会性质和历史条件，找到了一条适合中国国情的革命道路，又用中国革命的历史经验使马克思主义哲学得到验证和发展。毛泽东赋予成语“实事求是”以特定的科学含义，并使之成为毛泽东哲学思想的根本点。毛泽东对于马克思主义哲学的认识论、方法论以及历史唯物主义的若干重大问题进行了独到的探讨，理论表述富有中国民族特色。毛泽东哲学思想是马克思主义哲学在中国的继续和发展。毛泽东晚年的失误，在某种意义上可以说是他在哲学方向上的自我背离。

4. 20世纪后半期，马克思主义哲学一方面坚持和丰富经受了实践反复检验的基本结论和基本原理，一方面迅速吸纳并反映人类在实践领域和认识领域所取得的最新成果，及时回答和解决时代提出的重大问题，在一系列重大课题的研究上，都取得了体现时代精神的新进展。

5. 马克思主义哲学的立场、观点、方法，不但渗透到人文社会科学的各个领域，而且积极推进了当代自然科学研究的发展。

6. 在坚持和发展马克思主义哲学思想体系、运用马克思主义哲学指导革命实践的历史进程中，各国马克思主义者作出了重大的贡献。20世纪后半期以来，出现了若干被通称为“西方马克思主义”的思潮和流派，对这一现象须作全面考察和具体分析。总的来看，“西方马克思主义”的产生，反映了马克思主义哲学的巨大影响。

（三）西方非马克思主义哲学的演化

1.20 世纪西方非马克思主义哲学的主要倾向，或基本上归属于科学主义的思潮，或与人本主义思潮有着更密切的联系。

2.20 世纪上半期，西方非马克思主义哲学发展的显著特征是：两大哲学倾向的分化和对峙，非马克思主义哲学对马克思主义哲学的否定与排斥。20 世纪 50 年代以来，西方非马克思主义领域出现了两大哲学主潮及其相关流派既进一步分化、论争，又相互影响、渗透乃至交融的动向，与马克思主义哲学的关系也有所调整。

3. 科学主义思潮中的主流“分析哲学”，形成于世纪之初，代表人物是英国哲学家罗素以及维特根斯坦。分析哲学否定哲学的世界观意义，认为哲学的目标只能是去分析已发现的知识的意义；由于语言是意义的承担者，所以哲学问题可以归结为语言问题；用现代逻辑和语言学的方法，对语言进行逻辑分析或概念分析、语义分析，是哲学的根本任务。20 世纪下半叶，分析哲学仍是西方科学主义哲学的主流，然而早期决然排除非理性主义的理论在其内部受到了有力的挑战，并产生出许多支派。科学主义思潮的另两个重要流派，一是要求把科学主要是自然科学当作哲学的全部依据的科学哲学，二是要求通过一定模式去揭示对象的结构与功能的结构主义哲学。

4. 人本主义思潮的主流包括形成于世纪之初的以德国哲学家胡塞尔为代表的“现象学”，以及深受其影响的以德国哲学家海德格尔和法国哲学家萨特为代表的存在主义等学派，倾向于采用非理性主义的态度揭示事物的本质和意义，理解和解释人的存在；50 年代以来人本主义哲学流派的影响进一步扩大，开始改变排斥理性和科学的态度，在使非理性主义同理性主义适度融合的基础上，发展以人的本质和价值为中心的具有世界观意义的哲学思想体系，并重视现实社会问题的研究。

5.60 年代以来，通过德国哲学家伽达默尔等人的努力，在一定程度上融合了科学主义和人本主义倾向的哲学解释学，日益受到广泛的关注。

（四）当代中国马克思主义哲学研究的突破性进展

1. 当代中国哲学发展大致可分为四个阶段。第四阶段始于党的十一届三中全会。这是中国的马克思主义哲学研究复苏，开放，渐趋成熟并达到较高水准的时期。成熟的标志是哲学的自我认识达到了一个新的水平，哲学的反思功能达到了一个新的高度。

2. 新时期中国哲学取得了突破性的进展。一是科学的真理标准的确立，二是实事求是思想路线的重新确立，三是邓小平关于建设有中国特色社会主义的理论将中国当代哲学全面提高到一个新的高度。邓小平理论是新的建设有中国特色社会主义的科学体系，它贯通哲学、政治经济学、科学社会主义等领域，涵盖经济、政治、科技、教育、文化、民族、军事、外交、统一战线、党内建设等方面，并不是纯粹的哲学理论。但它作为邓小平关于马克思列宁主义、毛泽东思想和社会主义问题理论思考的总成，不仅处处体现了精湛的哲学思想，而且形成了完整的哲学体系。邓小平以“解放思想，实事求是”为理论基石，在一系列重大问题上，发展了马克思主义的哲学思想。

3. 当代中国哲学界在进一步阐述邓小平哲学思想体系的同时，密切关注国际上关于社会主义历史命运的讨论，关注自然科学在宏观和微观两个方面的最新进展，关注科学技术迅猛发展造成的复杂社会后果，关注国际上哲学思潮的新动向，特别关注建设有中国特色社会主义在理论和实践上的前沿课题，不断取得令人瞩目的成果。江泽民在中国共产党第十五次全国代表大会上的政治报告，包含着对邓小平理论的哲学背景和哲学境界的精辟概括，同时也阐明了当代中国哲学发展的基本方向和广阔前景，体现了“与时俱进”的精神，为此后“三个代表”重要思想的提出奠定了基础。

二、实现了重要变革的现代历史学

历史学简称“史学”，是一门研究人类在时间中的活动、探求人类社会演进的轨迹的学科。历史学成为一门科学，是19世纪的事。19世纪中叶，德国历史学家兰克受实证主义哲学思想影响，倡导以纯客观主义态度和“科学方法”研究历史，马克思主义向历史学提出了“历史如何发展为世界历史”的学科主题。20世纪历史学最大的进展在于史学理论、观念的突破，由此引起史学的飞跃。

（一）20世纪历史学研究模式的变革

1.“欧洲中心论”和“欧美中心论”失去其统治地位。马克思主义的辩证唯物史观从根本上否定了任何一种狭隘民族主义的世界史观。就世界范围看，打破“欧洲中心”和“欧美中心”论的呼声日趋激烈，超越民族和地区的界限，理解整个世界的历史观点，成为二次大战之后历史学的重要趋势之一。

2. 传统的“政治史”模式被打破。19世纪“历史就是过去的政治，政治就是现代的历史”曾经成为西方史学界的教条。20世纪，欧美各有一股反传统的潮流要求冲破传统史学狭隘、封闭的藩篱。欧洲的反传统潮流先是以“文化史运动”向兰克学派挑战；继而法国历史学家以“惟一真正的历史就是总体的历史”为理论旗帜，注重对人类生活的各方面因素进行跨学科、长时段综合研究，哺育了具有世界影响的法国年鉴学派。

3. 现代历史学研究的主体性的张扬。20世纪西方历史学家否定纯客观主义传统，强调史学研究的主体性即主观能动精神，有利于增强史学研究中的当代意识；但是往往走到主观随意性的一端，否定了人类社会历史进程的客观性。对于主体性的科学探讨，成为当代马克思主义历史学研究的重要课题。

4. 历史学研究方法和技术手段的更新。20世纪以来，历史学自觉借鉴其他人文社会科学方法以及系统方法、比较方法等，并开展计量研究，改变了传统史学研究方法单一、技术手段陈旧的格局。

（二）马克思主义在史学领域中的影响不断扩大

马克思主义指导下的历史学研究，注重发现历史过程的内在规律，同时要充分认识到历史过程的丰富性、复杂性。马克思主义对世界范围现代史学研究的渗透和影响是多方面的和显著的。马克思主义史学理论在扩大自己影响的同时，也从许多史学流派中汲取养分，发展自己。

（三）当代中国历史学的发展充满希望

1. 中国史学自古在世界史坛上独树一帜。然而直到鸦片战争前后，中国史学才把眼界扩大到整个世界，而且坚持“中华中心观”。

2. 五四运动前后中国历史研究观念发生了具有现代意义的大转折。30 年代起，现代中国史学发展又一次大转折，马克思主义历史学取得了主流地位。50 年代和 60 年代初期，中国史学理论研究在广度和深度上取得很大的成就。

3. 70 年代 80 年代之交，中国历史学界反思“文革”教训，迎来现代中国史学第三次大转折。当代中国史学的鲜明特点，一是“回到马克思，发展马克思”，在强调坚持马克思主义基本原理的同时，认识到历史唯物主义并不等同、也不能代替史学理论，阶级的观点不能脱离、更不能超越历史的观点。80 年代以来，中国马克思主义史学理论研究十分活跃，成果丰硕，对中国和世界历史的编纂、史料的发掘和利用起了积极作用。二是从封闭型研究走向开放型研究。首先，在宏观、中观、微观历史和传统热点课题的研究上，展示了更为开阔的视野。其次，注重对现代国际史学方法的借鉴。再次，重视跨学科研究，通过相关学科理论、对象、方法的移植和融会，扩大研究领域，强化理论力度。四是弘扬中华民族史学的优良传统，自觉培育高尚的人文精神。

三、对文学艺术发展规律进行深入探讨的现代文艺学

文艺学是以文学艺术审美活动为研究对象的科学。经过20世纪文艺研究者的努力，20世纪，特别是20世纪下半叶的文艺学研究，主要在创作主体、作品、接受主体及社会—文化四个方向构成的空间中展开。

（一）20世纪文艺研究的总体特征

1. 更注重系统化。已基本形成较为完整而富有开放性的理论体系框架。

2. 广泛吸纳相关学科的方法和成果。向人文社会科学和自然科学吸取大量营养，用以推动自身的成长。

3. 自觉地从对文艺现象的描述转向对文艺规律的注重。

4. 形成了众多的研究流派。从某种意义上说，当代文艺研究的新突破，正是在大量不同流派的纷争中实现的。

（二）20世纪文艺学的突破性进展

1. 对创作主体艺术思维及心理的深入开掘。从20世纪开始，文艺学研究的重点集中于对创作者艺术思维及相应的心理过程的探讨。表现主义学派的直觉—表现理论，前苏联的形象思维理论，被运用到文艺创作心理的解析中的弗洛伊德精神分析学说，在揭示艺术思维的特质及规律方面都取得了重要成就。现代文艺对创作主体的认识已从经验性的描述总结，进入到以探索创作规律为目的的理性论证。

2. 对文艺作品形式的重新认识。一批研究者着力钻研作品内在的各种构成因素，在总体倾向上更偏重于形式因素。英美新批评派、结构主义文艺学、文艺符号学的产生和发展，深化了人们对形式的认识。作品艺术形式本身所具有的审美意味及功能受到现代文

艺研究者的高度重视。

3. 对文艺接受问题的注重。20世纪70年代初，德国兴起了接受美学思潮，从接受主体即欣赏者的反应和接受方面去研究文艺，把欣赏者的理解看作作品意义的构成要素。从这一角度重新审视文艺发展史，有许多新发现。

4. 对文艺与社会—文化系统关系的进一步思索。20世纪以来，结合文艺现实，马克思主义文艺学对文艺与社会—文化的关系作出了进一步思索，列宁以及普列汉诺夫、高尔基的文艺思想影响很大。苏联学者就文艺在社会—文化大系统中的性质、地位与作用提出了不少创见。围绕文艺与社会—文化系统的关系，20世纪下半叶形成了一个又一个研究热点。

（三）中国当代文艺的重要进展

1. “五四”文学革命猛烈冲击封建主义旧文艺，马克思主义文艺思潮迅速传播奠定了中国新文艺的思想基础。鲁迅在文艺理论批评领域有卓越贡献。

2. 40年代初，毛泽东《在延安文艺座谈会上的讲话》促进了马克思主义文艺思想与中国文艺实际的结合，并成为新中国文艺创作及理论批评的指导思想。

3. “文革”结束之后，“左”的思想得到纠正，中国当代文艺研究有新的突破：一是构建开放的马克思主义文艺理论体系，强调文艺的审美特性；认为文艺对社会生活的反映，应在“真”的前提下，以“美”作为目标，在此过程中，体现“善”的价值取向。文艺研究比以往任何时候都更注重文艺美的各种形态，以及人们审美趣味的变异。二是文艺审美活动的主体，包括对象主体、创作主体、接受主体——人，人的丰富性、生动性，成为文艺理论界密切关注与全力求索的重大课题，成为新的文艺理论体系的中心。三是文艺新学科建设受到重视。文艺学越来越广泛地与其他学科发生联系，为自身建设增添了活力。四是文艺学的应用研究不断加强，在文艺批评和文艺史的领域，取得大批新成果。

4. 总的来说，中国当代文学研究出现了由外部转向内部、由单一转向多元、由封闭转向开放、由局部转向整体、由静态转向动态、由客体转向主体的深刻变革。

四、探究宗教奥秘的宗教学

宗教学是以作为社会文化现象的人类宗教活动为研究对象，旨在揭示宗教产生和发展规律的人文科学。

宗教学的学科发展，以第一次世界大战为界标，此前为比较宗教学时期，此后为分化拓展时期。

20 世纪以来，围绕着宗教活动的主客体关系，众多的宗教学学派从不同的切入点对宗教的本质特征进行了理论阐发。其学科理论建设主要沿着共时与历时两个方向展开：共时研究就是宗教学界所谓的“要素”研究，通行的观点将宗教观念、宗教体验和宗教行为、宗教制度视为宗教的基本要素；历时研究把宗教的历史运动轨迹概括为三大阶段：原始社会的氏族—部落宗教、古代阶级社会的国家—民族宗教和近现代的世界宗教。宗教与社会文化的关系则是 20 世纪宗教学研究的又一重要领域。

宗教学研究在现代中国经历了曲折的发展过程。当代中国宗教学正迅速成为人文社会科学领域的显学之一。

重点辅导

第五章的重点是：哲学、历史学、文艺学以及宗教学 20 世纪发展的共通特点；20 世纪马克思主义哲学的广泛传播和重大发展，以及当代中国哲学研究的突破性进展。特别要注重了解马克思主义哲学的科学的本性和生命活力，20 世纪哲学发展对包括历史学、文艺学、宗教学在内的人文社会科学发展的重大影响。

一、关于20世纪传统人文学科哲学、历史学、文艺学以及宗教学发展的共通特点

（一）要了解20世纪“文史哲”以及宗教学在学科发展方向上的新突破

第五章“问题探讨”中有一个问题，就是为什么把“文史哲”以及宗教学称为传统人文学科。从人类认识发展史来看，哲学、历史学、文艺学以及宗教学的学科知识，是最早形成的带有某种体系性的理性认识成果；它们是“古已有之的人文学科”。17～18世纪出现了以哲学兴盛为重要力量的早期科学化运动，19世纪“文史哲”以及宗教学得到了长足的进展。20世纪，哲学、历史学、文艺学以及宗教学，都对自己学科的性质和特点，包括研究对象、目的、方法等，不断进行反思，在学科的发展方向上出现了“百家争鸣”的局面，取得了新的突破。第五章对哲学、历史学、文艺学以及宗教学在研究对象、目的、方法等方面所作的概述，反映了这四个学科对自身发展方向的认识的主要进展。这种认识归结起来，有一个突出的共通之点，就是比较普遍地看到了四个学科既要像自然科学那样，用实证的方法揭示研究对象的普遍规律，追求研究成果的相对真理性，又要用理解和解释的方法揭示研究对象的本质和价值，追求研究成果的相对合理性；归根结底，要求哲学、历史学、文艺学以及宗教学的研究者，充分发挥主观能动性，把弘扬主体性、追求客观性统一起来。弘扬主体性，追求客观性，成为20世纪“文史哲”以及宗教学学科发展的主导方向。这种学科的自我认识，目前还在激烈的争论中持续发展和深化。

（二）要了解20世纪“文史哲”以及宗教学在研究内容、理论框架上的新突破

综合第五章的内容可以看到：哲学领域，关于实践的观点是基本的观点，关于突出人的社会存在、人的本质、人的价值的研究的观点，关于进行开放的系统的研究以反映时代精神的观点，总的来

说，受到了前所未有的关注，并产生了大量具有突破性的研究成果。历史学领域，打破了“欧洲中心论”和“欧美中心论”的统治地位，打破了传统的狭隘的“政治史”的研究框架，一种新的更加合理的历史观逐渐为史学界所接受。文艺学领域，改变了对文学艺术家及其作品的研究为中心的模式，形成了主要在创作主体、作品、接受主体以及社会—文化构成的四维空间中探讨文学艺术发展规律的格局。宗教学领域也发生了深刻变化。

（三）要了解20世纪“文史哲”以及宗教学在研究方法、研究手段上的新突破

从第五章的概述中可以了解，20世纪“文史哲”在研究方法、研究手段上突破了“固守学科阵地”的传统观念，采取了相当开放的态度。首先，历史学、文艺学以及宗教学的研究自觉接受现代哲学研究方法的辐射，哲学也从历史学和文艺学研究方法和研究手段的进展中汲取养分。其次，“文史哲”以及宗教学都自觉借鉴从自然科学领域中产生的系统科学的研究方法，借鉴自然科学的其他研究方法和研究手段。再次，“文史哲”以及宗教学在广泛的领域中开展跨学科研究，促进了大量边缘学科、交叉学科的产生，形成了许多跨学科的研究方法和研究手段。还有，“文史哲”以及宗教学充分利用了信息技术革命所带来的研究手段的变革，极大地提高了科学研究工作的效率。

（四）要了解20世纪“文史哲”以及宗教学在发展形态多元化方面的新突破

第五章只是对20世纪“文史哲”以及宗教学的发展作了极其粗略的介绍，但是足以给人留下思潮、流派纷呈，发展形态多样的印象。在人文社会科学各种学科群中，“文史哲”以及宗教学特别是哲学，思想特别活跃，争论特别激烈，学派众多。20世纪“文史哲”以及宗教学的上述各种突破性进展，正是在不同思潮、流派的比较和竞争中实现的。发展形态多元化，是学科建设取得突破性进展的基础和重要标志。

二、关于20世纪马克思主义哲学的广泛传播和重大发展

(一)了解马克思主义哲学的科学本性和生命活力

马克思说：任何真正的哲学都是自己时代精神的精华。又说：哲学是自己的时代、自己的人民的产物，人民最精致、最珍贵和看不见的精髓都集中在哲学思想里；“它是文明的活的灵魂”。科学，无论是自然科学还是人文社会科学，绝大多数学科都是以其对象来命名的，哲学不是。古代哲学是知识的总汇，后来许多学科逐步分化出去，留下了一块重要地盘，那就是关于世界的总的看法。马克思主义哲学在人民群众社会实践的基础上，汲取了时代精神的精华和人类文明的精华，彻底坚持了辩证唯物主义和历史唯物主义一体化的立场、观点、方法，认为自己只是人类哲学思想长河中的一个阶段，为20世纪哲学的重大发展奠定了科学的基础，提供了科学的指南。马克思主义哲学的科学本性，它的革命的批判的建设的精神，使它拥有永不枯竭的生命活力。中国当代许多毕生从事哲学研究的学者说：研究了这个主义那个主义，最后结论是，还是马克思主义哲学水平高。法国著名的存在主义哲学家萨特说：“我把马克思主义看作我们时代的不可超越的哲学”。

(二)了解马克思主义哲学的广泛传播和重大发展是20世纪世界哲学取得重大突破的首要标志

第一，马克思主义哲学的广泛传播，始于20世纪20年代，同列宁领导的社会主义革命运动密切相关。就是说，马克思主义哲学是在20世纪人类的重大社会实践中受到关注、得到理解、接受检验，并转化为强大的物质力量的。第二，列宁及时概括俄国和国际无产阶级革命经验，汲取20世纪时代精神的精华和人类文化成果的精华，创造性地阐释并全面发展了马克思主义哲学。第三，以毛泽东为代表的中国共产党人在把马克思主义哲学中国化的过程中，形成了一套完整博大的哲学思想体系，为马克思主义哲学发展作出了具有世界意义的贡献。第四，20世纪后半期，马克思主义哲学

接受了来自方方面面的挑战，在一系列重大时代课题研究上，取得了重要进展。进展之一，是抛开附加在马克思主义哲学上的不科学的乃至扭曲变形的观点和教条主义的思想方法，恢复了马克思主义哲学本质面貌和精神实质，重新理解和建构马克思主义哲学的科学体系。进展之二，是运用马克思主义哲学世界观和方法论，把对人类社会实践的深刻关注和科学理解作为哲学创新的根本关键，回答了当代社会历史发展中一系列重大问题。进展之三，是突出了人类的自我认识在马克思主义哲学研究中总的地位，发展马克思主义人学理论。进展之四，与非马克思主义哲学进行全方位的对话和交流，有批判，有借鉴，在碰撞中形成新的观念和方法。

（三）了解当代中国马克思主义哲学取得突破性进展的重要价值

当代中国马克思主义哲学的突破性进展，如教材所说，主要体现为以邓小平为代表的中国共产党人从理论和实践的结合上，坚持了“解放思想，实事求是”的思想路线。邓小平指出：“我们讲解放思想，是指在马克思主义指导下打破习惯势力和主观偏见的束缚，研究新情况，解决新问题。”“解放思想就是思想和实际相符合，是主观和客观相符合，就是实事求是。”在解决哲学的基本问题也就是主观和客观、思维和存在、主体和客体的统一性问题上，中国人民又一次作出了具有世界影响的贡献。

（四）了解马克思主义哲学对20世纪人文社会科学发展的重大影响

哲学对人文社会科学发展的影响具有整体性、根本性。第四章指出，马克思主义哲学对20世纪人文社会科学的渗透是全方位的、深刻的。20世纪历史学、文艺学和宗教学的突破性进展，马克思主义哲学发挥了重大作用。

难点提示

第五章到第七章，按学科群分别介绍一批主干学科20世纪发展概貌。各学科的内涵，研究对象和研究方法的发展，通常构成各章的难点。本章介绍的“文史哲”，学习者相对熟悉；宗教学只须作一般了解；最大的难点集中在第一节的第三小节“西方非马克思主义哲学的演化”。

关于西方非马克思主义哲学的演化，可主要按照教材的线索，从科学主义思潮与人本主义思潮两个发展倾向的对峙和相互影响这个角度进行把握。这两大哲学思潮的内涵，第四章已有所触及，第五章第一节的第一小节对此作了比较明确的解说，第三小节则落实到有关的学派。应当说，在西方哲学发展史上，教材提到的这些学派都有比较大的影响；学习者可特别留意科学主义思潮中的分析哲学流派、结构主义运动，人本主义思潮中的现象学流派及其后来的发展和深化。只要求对上述流派作一般性了解，知道它最主要的特点，它的代表人物，它的影响。教材依据我国当代西方哲学史研究领域中的一种看法，给“哲学解释学”一个比较特殊的地位；学习者要了解哲学解释学主要是从人本主义思潮中走出来的，对当代人文社会科学发展确实有比较广泛的影响。

第一节第三小节的小结部分，有这样一段话：“从总体上看，现代西方哲学围绕着知识和真理、自然与人、语言和意义等主要论题，在其发展中表现出科学主义和人本主义相互影响和多元主义、相对主义取代一元论、决定论的趋向。”这里，多元主义与一元论、相对主义与决定论构成两两相对的关系；多元主义往往无原则地主张各种思潮、流派平等并存，相对主义往往否定真理的存在，要结合实际问题进行认真的辨析。

学习建议

1. 学习第五章，要同第一章第一节的学习挂钩，同第三章第一节的学习联系起来，特别要同第四章相关部分的学习结合起来。关于科学主义和人本主义的内涵和相互关系，第八章将作进一步讨论，目前的学习重在理清大思路。

2. 第五章讨论20世纪“文史哲”以及宗教学的新突破，着眼于这些学科在基本立场、基本观点、基本方法等方面的突破。学习者主要就是了解立场、观点、方法等方面的要点。所谓“基本立场”，是指特定学科、特定学派发展的时代内容和阶级基础，发展的文化价值取向；所谓“基本观点”，是指特定学科、特定学派对于研究对象的本质和规律的主要看法；所谓“方法”，是指运用上述基本观点去分析和解决各种实践问题的思维方式、过程、原则，包括教材第三章所讨论的“一般方法”。看每一门学科的发展主要注重这几点，看这三门学科的综合发展同样主要注重这几点。不要把学习等同于记忆名词术语，不要抓住细枝末节钻牛角尖。

3. 教材反复强调：科学，包括人文社会科学，是人类对客观存在的认识过程。20世纪“文史哲”以及宗教学的发展是一个远未结束的认识过程中的一个段落。要冷静地、客观地评价已经取得的成果，要关注当前和未来面临的新问题，取得的新成果。

4. “文史哲”以及宗教学作为人文科学的核心学科，同初等教育的理论与实践有极其密切的关系，“文史哲”以及宗教学的修养对提高教师的综合素养有十分重要的意义。学习这一章，要同自己的工作和进修实践联系起来，提高学习“文史哲”以及宗教学的自觉性。

自 测 题

一、语词解释

1. 哲学
2. 历史学
3. 文艺学
4. 历史的计量研究
5. 接受美学

二、填空题

1. 马克思主义认为，哲学的基本问题就是________和________

的关系问题。

2. 20 世纪初，列宁运用马克思主义的世界观和方法论，对＿＿＿＿＿＿＿和＿＿＿＿＿＿＿＿作了全面的创造性的发展。列宁强调，在非西方发达资本主义国家中进行社会主义思想文化建设的核心是开展＿＿＿＿＿＿＿＿的文化革命。

3. 毛泽东哲学思想是马克思主义哲学在中国的继续和发展。毛泽东的哲学理论表述富有＿＿＿＿＿特色；他赋予成语“＿＿＿＿＿”以特定的科学含义，并使之成为毛泽东哲学思想的根本点。

4. 20 世纪西方哲学发展的两大思潮一是＿＿＿＿＿，或者叫作实证主义思潮；二是＿＿＿＿＿，或者叫作非理性主义思潮。

5. 历史学从认识层次上划分，有＿＿＿＿＿、＿＿＿＿＿和微观之别。

6. 历史学作为对人类社会发展的具体过程及其规律的反映和阐释，始终追求实现三大基本概念。三大基本概念是：＿＿＿＿＿，＿＿＿＿＿，＿＿＿＿＿。

7. 在文艺学领域中，文艺理论探讨文艺的＿＿＿＿＿＿＿＿，文艺史探索文艺的＿＿＿＿＿＿＿＿，文艺批评则是＿＿＿＿＿＿＿＿。

8. 20 世纪文艺研究的总体特征首先是更加注重系统化，二是广泛吸纳＿＿＿＿＿，三是努力探索文艺发展规律，四是形成了＿＿＿＿＿。

9. 中国史学自古就有＿＿＿＿＿＿＿的优良传统和＿＿＿＿＿的优良学风；当代中国历史学弘扬中华民族史学的优良传统，自觉培育＿＿＿＿＿。

10. 中国当代文学研究出现了全方位的变革趋势：由外部转向＿＿＿＿＿，由单一转向＿＿＿＿＿，由封闭转向＿＿＿＿＿，由局部转向＿＿＿＿＿，由静态转向＿＿＿＿＿，由客体转向＿＿＿＿＿。

三、选择题

1. 世界哲学的三大发源地是（　　）

A. 古代印度、中国和古巴比伦

B. 古巴比伦、中国和古希腊

C. 古代印度、中国和古希腊

D. 古巴比伦、古代印度和古希腊

2. “任何真正的哲学都是自己时代精神的精华，并将发展成为文明的活的灵魂”这一重要观点的首倡者是(　　)

A. 马克思　　B. 黑格尔　　C. 列宁　　D. 罗素

3. 支配了20世纪世界哲学发展基本走向的理论先导是(　　)

A. 19世纪马克思主义哲学的诞生，西方非马克思主义哲学形成科学主义与人本主义两大思潮

B. 19世纪马克思主义哲学的诞生，西方非马克思主义哲学形成实用主义和非理性主义两大思潮

C. 19世纪马克思主义哲学的诞生，西方非马克思主义哲学形成科学哲学和非理性主义两大思潮

D. 19世纪马克思主义哲学的诞生，西方非马克思主义哲学形成结构主义哲学和非理性主义哲学两大思潮

4. 20世纪西方科学主义哲学思潮的主流是(　　)

A. 科学哲学　　B. 哲学解释学

C. 分析哲学　　D. 结构主义哲学

5. 20世纪西方存在主义哲学流派的主要代表人物是(　　)

A. 胡塞尔，伽达默尔　　B. 海德格尔，萨特

C. 弗洛伊德　　D. 罗素，维特根斯坦

6. 以“惟一真正的历史就是总体的历史”为理论旗帜，注重对人类生活的各方面因素进行跨学科、长时段综合研究的具有世界影响的历史学流派是(　　)

A. 英国剑桥学派　　B. 德国兰克学派

C. 美国新史学派　　D. 法国年鉴学派

7. “一切真正的历史都是当代史”这一观点的首倡者是(　　)

A. 科林伍德　　B. 克罗齐

C. 鲁滨逊　　D. 布罗代尔

8. 现代中国马克思主义历史学的奠基作《史学要论》的作者是(　　)

A. 郭沫若　　　　B. 李大钊

C. 范文澜　　　　D. 翦伯赞

9. 19 世纪形成高潮、特别强调文学艺术的表现功能的一种重要文艺思潮是(　　)

A. 古典主义　　　　B. 现实主义

C. 浪漫主义　　　　D. 现代主义

10. 促进中国新时期文艺学发生质的飞跃的主要支撑点是(　　)

A. 对于文学语言的重视

B. 对于作品形式的重视

C. 对于社会——文化背景的重视

D. 对于文艺活动的主体——人的重视

四、简答题

1. 20 世纪后半期马克思主义哲学取得了哪些重要进展?

2. 20 世纪 50 年代以来，西方非马克思主义哲学领域两大哲学主潮及其相关流派的主要发展动向有何特点?

3. 当代中国哲学在哪些方面取得了突破性进展?

4. 20 世纪世界历史学研究出现了哪些变革?

5. 20 世纪世界文艺学的突破性进展表现在哪些方面?

五、论述题

1. 说说 20 世纪世界“文史哲”学科群在学科发展方向、研究内容、研究方法和发展形态等方面取得的新突破。

2. 概述马克思主义哲学对于 20 世纪历史学、文艺学发展的深刻影响。

3. “文史哲”以及宗教学的学习，对于提高教师和学生的人文素养具有十分重要的意义。这些学科对于学习者并不陌生。试选择其中一门学科，结合本人进修和工作的实践，谈谈自己学习的收获，或者谈谈自己在学习方法方面的心得体会。

参考答案

一、语词解释

1. 反映人们对于整个世界的总的看法，是世界观的理论体系。

2. 简称史学，是一门研究人类在时间中的活动、探求人类社会演进的轨迹的科学。

3. 是一门研究人类文学艺术审美活动、揭示其规律的科学。

4. 特指自觉、系统地运用现代数学方法，对历史资料进行数据分析，通过数量关系的研究来认识历史的研究方法。

5. 从接受主体（欣赏者）的反应和接受方面去研究文艺，把欣赏者的理解看作作品意义的构成因素的一种文艺学——美学思潮。

二、填空题

1. 思维　存在

2. 辩证唯物主义　历史唯物主义　不离开世界文明发展大道的

3. 中华民族　实事求是

4. 科学主义　人本主义

5. 宏观　中观

6. 全面　真实　必然

7. 性质、原理和批评标准等　演变发展　对具体作家作品的评价

8. 相关学科的方法和成果　众多的研究流派

9. 以人为本　严谨治史　高尚的人文精神

10. 内部　多元　开放　整体　动态　主体

三、选择题

1. C　2. A　3. A　4. C　5. B　6. D　7. B　8. B　9. C　10. D

四、简答题

1. 20世纪后半期，马克思主义哲学坚持和丰富经受了实践反复检验的基本原理，迅速吸纳人类在实践和认识领域所取得的最新成果，及时回答和解决时代提出的重大问题。一是抛开附加在马克思主义哲学上的不科学的观点和教条主义的思想方法，恢复了马克思主义哲学本质面貌，重新理解和建构马克思主义哲学的科学体系。二是运用马克思主义哲学世界观和方法论，把对人类社会实践的深刻关注和科学理解作为哲学创新的根本关键，回答了当

代社会历史发展中一系列重大问题。三是突出了人类的自我认识在马克思主义哲学研究中的地位，发展马克思主义的人学理论。四是与非马克思主义哲学进行全方位的对话和交流，有批判，有借鉴，在碰撞中形成新的观念和方法。

2. 20世纪50年代以来，西方非马克思主义领域两大哲学主潮及其相关流派在进一步论争、分化的同时，又相互影响、渗透，乃至出现某种程度的交融；与马克思主义哲学的关系也有所调整。

3. 以20世纪50年代为起点的当代中国哲学，首先集中了中国共产党人和中国人民的集体智慧，把毛泽东哲学思想推进到一个新阶段，对马克思主义哲学在中国的继续和发展，作出了具有世界影响的贡献。第二，党的十一届三中全会召开之后，哲学研究在邓小平理论的旗帜下，从理论和实践的结合上，重新确立科学的真理标准和实事求是的思想路线，推进了有中国特色的社会主义建设，又一次作出了具有世界意义的贡献。第三，当前，中国哲学界进一步阐述邓小平哲学思想体系，密切关注国际哲学研究新动向，特别关注建设有中国特色社会主义的前沿课题，不断取得重要进展。江泽民在党的第十五大的政治报告，包含着对邓小平理论的哲学背景和哲学境界的精辟概括，同时也阐明了当代中国哲学发展的基本方向和广阔前景。

4. 主要有："欧洲中心论"和"欧美中心论"失去其统治地位；传统的"政治史"模式被打破；现代历史学研究的主体性得以发挥；历史学研究方法和技术手段得到更新。

5. 主要有：深入开掘创作主体的艺术思维及心理；重新认识文艺作品的形式；注重研究文艺的接受问题；进一步探索文艺与社会—文化系统的关系。

五、论述题

1. 答案要点：在"文史哲"以及宗教学等的学科发展方向上，把弘扬主体性、追求客观性统一起来，成为20世纪"文史哲"学科发展的主导方向。

在研究内容上，哲学领域关于实践的观点是首先的和基本的观点、关于突出人的研究的观点、关于进行开放的系统的研究以及反映时代精神的观点，受到前所未有的关注。史学领域，打破了"欧美中心论"的统治地位和狭隘的"政治史"研究框架，一种新的更加合理的历史观逐渐为史学界所接受。文艺学领域，改变了以对文学艺术家及其作品的研究为中心的模式，形成了主要在创作主体、作品、接受主体以及社会—文化构成的四维空间中探讨文学艺术发展规律的格局。

在研究方法上，文史研究方法和哲学研究方法相互影响；"文史哲"自觉借鉴系统科学的研究方法，借鉴自然科学其他研究方法；“文史哲”等在广泛的领域中开展跨学科研究，形成许多新的研究方法。

在发展形态上，思潮流派纷呈，形态多样化。

（回答此题参看“重点辅导”第一部分）

2. 答案要点：20 世纪马克思主义哲学的传播和发展对整个人文社会科学都产生了重要影响。历史学和文艺学与哲学同属人文科学，它们的发展受到马克思主义哲学的影响更为深广。主要从三个层面看。

第一，马克思主义哲学作为科学的世界观与方法论，对历史学和文艺学发展的影响，带有整体性、根本性、历史性。

第二，马克思主义哲学在 20 世纪建立了自己的历史哲学与文艺哲学，对于这两门学科发展的影响，从学科发展方向到学科研究内容和理论框架、学科研究方法、学科发展形态，是直接的，具体的，全面的。马克思主义的历史哲学，注重发现历史过程的内在规律，同时又十分强调历史过程的丰富性、复杂性。马克思主义的文艺哲学，在深切关注文艺与社会—文化关系的同时，也十分关注文艺自身的特殊发展规律。马克思主义哲学对若干享有世界声誉的历史学、文艺学学派产生了重要影响。

第三，马克思主义哲学对于新中国的历史学、文艺学的建设，对于前苏联和其他社会主义国家的历史学、文艺学的发展，发挥了导向性作用，取得了若干具有世界影响的重要成果。

（回答此题可参看教材相关内容）

3. 答案提示：这是一道要求总结自己学习心得体会的题目。

回答此题，宜着眼于“文史哲”以及宗教学中的某一学科在基本立场、基本观点、基本方法这几个根本方面对提高师生整体素质的重要作用。什么是基本立场、观点、方法，本章“学习建议”第二条作了说明；可对照自己的进修和工作实践，确立主题，发掘典型事例。

回答此题，要防止把历史学和历史知识等同起来，防止把文艺学和文学艺术创作、宗教学和宗教信仰混同起来——我们讨论的是人文社会科学范畴中的历史学、文艺学和宗教学。

D I IIU ZHANG　　第六章

语言学心理学人类学传播学管理学的进展和影响

学习目标与要求

第六章介绍20世纪跨越人文社会科学和自然科学两大部类，而总体上依然倚重于人文社会科学的重要学科语言学、心理学、人类学以及传播学、管理学的发展概貌。其中语言学、心理学的重大进展，对整个科学体系产生了多方面的积极影响。学习第六章的具体要求是：

1. 了解20世纪世界和中国语言学研究的重要进展。
2. 了解20世纪心理学的重要进展。
3. 了解20世纪人类学的重要进展。
4. 一般了解20世纪传播学和管理学的发展概貌。
5. 了解语言学、心理学、人类学以及传播学、管理学20世纪发展的共通特点和广泛影响。

知 识 结 构

第六章共分五个小节。这五节的结构模式都是：首先概括学科内涵，接着着重阐述每一个学科在20世纪的重要进展、对于现代科学发展的广泛影响，最后分别概括当代中国语言学、心理学、人类学、传播学、管理学的成就。语言学和心理学被认为是人文社会科学的先行学科；第一节和第二节为本章重点。

一、20世纪语言学与现代科学

教材指出，语言学是一门研究人类语言的内部结构、功能和发展，揭示语言本质及其存在和发展规律的学科。

（一）现代语言学的主要进展

1. 索绪尔开创结构主义语言学。瑞士语言学家索绪尔认为，曾在语言学发展史上起过积极作用的历史比较语言学过分关注语言历史演变的细节，未能抓住语言的实质。他以结构主义的观点探讨语言的本质属性，描述语言的系统结构，奠定了现代语言学独立的理论基础。他的语言学思想可以概括为四个方面：第一，语言是符号系统。认为语言是一种符号，同时具有物质性与表意性；语言是一个完整的符号系统，其中各种成分之间存在相互依赖、相互制约的关系，系统具有自己特有的内在秩序。第二，区分语言和言语。语言是语言符号相互关联的系统，言语则是实际话语。索绪尔认为，语言学的研究对象应该严格限制于不依赖个人的语言系统，而不要陷入语言的具体表现——千差万别的言语的迷宫。第三，区分历时态和共时态。强调对一个时期内一种或多种语言作横断面的研究，也就是作“共时态的研究”，以充分揭示语言的结构。第四，区分深层结构和表层结构。深层系统是由社会因素构成的，它是静止的、规范的。表层系统则是个人的言语表达，它受到个人的物理的、生理的、心理的因素的干扰。语言学着重于研究深层系统。索绪尔的结构主义语言学思想在近半个世纪内风行一时；现代的各种语言学派、分支都从结构主义理论汲取了大量的营养。

2. 乔姆斯基对现代语言学的拓展。20世纪50年代，美国语言学家乔姆斯基创建“转换生成语法”。他认为，语言学的研究不能停留在“语言行为”的描写，而要进一步考察“语言能力”，也就是要揭示人脑语言机制的工作原理——普遍语法。普遍语法好比人脑的语言程序，只要弄清楚并确定它的构成原理及规则系统，就可以揭开人类语言的奥秘。在20多年里，乔姆斯基的转换生成语法经过好几个发展阶段，构建出一整套理论体系，深刻地影响了现代语言学的发展轨迹。由于乔姆斯基语言研究的目的已不在语言本身，而是指向生成语言的大脑，让西方语言学的主流从描写具体语言的结构转到试图对整个人类的语言能力作出解释的方向上来，以至60～70年代被说成是“乔姆斯基时代”。

3.20世纪下半叶欧洲语言学的主流学派为功能学派。这个学派看重语言的功能、意义、篇章，并使之模式化、形式化，将现代语言学从对语言系统内部的研究推进到语义研究和语用研究。在美国，新兴的语言学认知学派认为可以用人脑认知世界的神经网络的模式，使语言的描写形式化，影响甚大。

（二）现代语言学：跨越人文社会科学与自然科学

1.现代语言学对人文社会科学的重大影响。随着现代语言学对于语言本质、结构及功能认识的深入，人文社会学科间的相互联系一度集中到了“语言”上。在哲学领域，语言在认识世界过程中的中介作用受到普遍重视，产生了声势浩大的语言哲学运动。在社会科学领域，社会学家把语言结构的变异与社会结构的变异联系起来。心理学与语言学日趋接近，语言与人类心理活动的内在关系受到当代心理学界更多的关注与揭示。在方法论领域，发端于现代语言学的结构主义思潮，体现了一种考察事物的整体性、转换性、自调性的系统观念；结构主义语言学的基本概念原理被广泛移植，其研究方法为许多人文社会学科所借鉴。

2.现代语言学与信息科学技术

第一，现代语言学不断借鉴自然科学的原理方法来改造与推动自身的理论建设。第二，现代语言学与电子计算机工程技术的联姻与相互促进，已成为信息时代的一种大趋势。语言作为最重要的信息载体备受瞩目。电子计算机工程技术及相关的控制论、信息论等现代科技的发展，越来越多地取决于现代语言学的进展。有的科学家认为，在电子时代与电子文化中，语言学发达的程度，是衡量一个国家科技水平，首先是电子学与电子工业发展水平的一个重要标志。第三，现代语言学得益于当代脑科学的发展，同时，语言学研究又促进了脑科学中脑与意识等当代科学领域的前沿课题的探索，进而对人工智能技术的发展起至关重要的作用。第四，现代语言学在自然科学与人文社会科学之间实现了成功的跨越，并以丰富的理论成果和操作实绩使自己成为连接两大科学部类的桥梁之一。其学科的建设道路及产生的重大影响，为其他人文社会学科的建设发展，提供了十分有益的启示与参照。

（三）中国语言学：继承、吸纳与开拓

1. 中国传统语言学（文字学、音韵学、训诂学）源远流长，而现代意义上的语言学要到20世纪初，由西方传入国门。中国语言学的规模发展是在建国以后，成就主要体现在汉语的实际应用研究方面。现代汉语的语音、词汇、语法体系建立起来并不断完善。

2. 中国语言学学科建设的中心课题是：如何处理好继承传统与吸收西方现代语言学成果之间的关系，探索总结汉语自身的特点和规律。80年代开始，中国语言学从不同的方向、不同的领域共同探讨西方语言学的理论、方法和汉语研究相结合的最佳途径。从80年代后期开始，围绕汉语特性的理论研讨在全国语言学界展开，学者们就汉语言学研究的观念方法及发展方向作出了积极深入的探索，目的在于逐步解决西方语言学理论的框架思路同汉语事实的深刻矛盾，建立体现汉语特质的语言理论及方法。

3. 80年代以来，通过语言学专家与科技工作者合作，中国语言学在汉字信息电脑输入这一应用领域取得重大进展，从编码方式到处理技术都有了重大突破。古老的文字与硅世界的奇特的结合，为汉语言学的研究与应用开辟了广阔的发展前景。

二、20世纪心理学的重要进展及其广泛影响

教材指出，心理学是以有机体（人以及动物）的心理活动及其

行为表现作为对象，并用科学方法阐明其本质的学科。

（一）现代心理学的重要进展

1.20 世纪上半叶的四个发展方向。19 世纪后期，德国学者冯特开创“实验心理学”；冯特学派的成就和不足，激发了 19 与 20 世纪之交心理学家许多有价值的发展。20 世纪初，除了詹姆士的“意识流”理论经杜威等人的努力在美国形成了强调心理的作用的机能主义学派外，现代心理学主要从四个方向上，向冯特学派提出挑战。第一，行为主义。美国心理学家华生提出，内心活动看不见摸不着，科学心理学主要建立在可以客观观察和测量的东西上面，其任务是研究人和动物的行为，寻求预测和控制行为的途径。按照华生的说法，心理学的研究对象主要是可以用实验和观察进行验证的刺激——反应之间的关系。第二，格式塔心理学。反对把心理活动分解成为数不多的几个基本元素的做法，认为心理现象具有完整性；人在观察外界事物的时候，在人的头脑中有某种“场”的力量把刺激组织成一定的实形，从而决定人看到的外界东西是什么样的。该学派因而强调整体的综合研究。第三，精神分析。奥地利精神病学家弗洛伊德认为人的根本心理动机都是无意识的，有意识的心理过程只是显露在表面的一些孤立的片断，无意识的心理活动则在人的生活中起决定性的作用。弗洛伊德还认为人的内在生物性的情欲是最基本的冲动。为治病而对病人的无意识进行心理分析，就是精神分析。这一理论前所未有地强调无意识在心理世界中的地位与作用，对整个心理学带来很大冲击。第四，苏联心理学界强调心理是脑的机能，意识与活动有着不可分割的联系，心理的反映功能是有主动性的，意识活动具有鲜明的社会历史内涵。

2.20 世纪下半叶的三股新潮。一是在认识理论领域中，认知心理学取得重要进展。当代西方心理学文献中所称的认知心理学，一般特指以信息加工的观点和概念说明人的认知过程的科学。该学科的一个基本假设，是把人的心理活动系统看成类似计算机的信息加工系统；认为人的认知过程可以同计算机的工作进行类比。二是在人格理论领域中，人本主义心理学的崛起。人本主义心理学突出人的潜能和价值，主张心理学主要对人格发展进行整体把握和个案研究，要探讨对个人发展和社会进步富有意义的问题。马斯洛的人格理论是以动机论为基石、以自我实现论为核心的。罗杰斯认为，人格就是一个人根据自己对外在世界认识而力求自我实现的行为表现。三是在情绪理论领域中，情绪心理学提出了新的假说。其中，突出强调情绪的功能、价值的“情绪智慧”说引起了较为广泛的关注。上述三种学派和思潮的形成和发展，都是在不同程度上综合历史上和现实中其他学派的合理成分而向前推进的；当代心理学的学科结构，通过内部和外部交叉融会，已经发展成为一门边界模糊、分支众多的科学；在当代心理学研究中，系统方法得到广泛运用。

（二）现代心理学对科学体系发展的全方位影响

1. 心理学对哲学发展的影响。20 世纪心理学取得的科学成果对于哲学基本问题的深入探讨具有重要意义。马克思主义哲学工作者运用心理学的最新成果，验证、丰富和发展辩证唯物主义。西方若干心理学派，直接以它们提出的心理学假说的思想和方法去阐释人性、人生和世界，有的如“精神分析”发展成为具有一定影响力的哲学思潮。心理学的发展还拓展了当代哲学的研究领域。

2. 心理学对综合性学科建设的影响。现代心理学作为一门兼跨文理、辐射面广、渗透性强的学科，在人文社会科学综合化乃至人文社会科学与自然科学两大部类综合化的历史进程中，发挥了纽带和桥梁的作用。20 世纪心理学的发展促成了一批综合新学科的产生和发展，受其影响最大的是行为科学、管理科学、思维科学。

3. 心理学对众多具体科学门类的影响。现代心理学对众多具体学科的影响，首先通过对哲学和综合性学科的作用间接发挥出来，其次则通过心理学与各具体学科直接的交互作用而得到体现。20 世纪心理学对于特别注重探究人的精神生活领域的人文社会学科如文艺学、教育学、历史学和文化人类学等影响明显，对以社会发展为研究重心的社会学、经济学、法学的影响也日趋增强。心理学对自然科学的许多具体学科发挥了建设性的作用。

（三）当代中国心理学的成就

1. 注重理论心理学的研究，确立当代中国心理学发展的科学方法论。20 年来，以辩证唯物主义为指导探讨心理学基本理论的工作取得显著进展，为中国心理学的健康发展打下了较好的理论基础。

2. 追踪世界心理学发展动向，建构当代中国心理科学的体系。在不长的时间中，通过借鉴、选择、消化，心理学的许多领域、各个层面，都得到不同程度的开发，其中基础学科建设受到了重点扶持，新兴心理学科雨后春笋般地建立起来，已形成较为完备科学体系。

3. 应用研究发展迅速，成果比较显著。

4. “本土化”的探讨初步展开。一是重新验证国外的研究结论，二是发现中国人心理的特有的与重要的现象，三是创立适用于中国人心理的新概念、新理论，四是寻找适合中国国情的研究方法。

三、20 世纪人类学的变革及其科学意义

教材指出，人类学是研究人的自然属性和社会——文化属性的学科。

（一）20 世纪人类学的拓展和变革

1. 20 世纪上半叶，英国功能主义学派将文化人类学的重心引向文化因素的社会功能及彼此间内在联系的研究，美国的历史学派则强调每个文化集团都有自己独一无二的历史，人类学的任务是了解各民族文化的具体表现。它们和其他流派，从不同角度不同层面拓宽了人类学的视野，在一定范围和许多具体问题上为学科发展作出了积极贡献。人类学在苏联称“民族学”，于 30 年代开始形成马

克思主义民族学的苏维埃学派，维护了历史唯物主义的研究方向。

2. 二次大战之后人类学的变革。一是从古代走向现代。人类学家开始站在人类整体发展的高度，研究现代社会的文化变迁，分析现代城市和农村的发展，参与全球问题的讨论。二是从“异文化”研究到“本文化”研究。本国主流文化的变迁、本民族体质与文化心理的发展、本土社区生活的历史与现实状况等领域，成为研究的热点。三是从半封闭研究到开放性研究。当代人类学的学科框架、理论视野和研究方法已具备“综合性、立体性、交叉性”的特点，开放度很大。四是马克思主义对西方人类学影响增大。马克思主义的人类学思想在二战之后在世界范围内产生广泛影响。社会主义国家民族学研究取得的成果令西方瞩目。五是人类学的研究方法和手段也有重大改革。

（二）现代人类学对与现代科学发展的意义

人类学对于人文社会科学乃至整个科学体系的意义，首先是通过对马克思主义所作的积极贡献体现出来的。其次，人类学独具优势的文化研究在人文社会科学领域占有重要地位；“主位研究法”等研究方法对其他学科产生了广泛影响；人类学的研究成果对许多具体学科发展起了直接推动作用。

（三）在探索中前进的中国人类学

人类学于20世纪初传入我国，习称民族学。到30年代后得到初步发展。50年代中期以后，人类学的一些分支学科取得长足发展。80年代初，人类学得到重新认识，在重视基础理论建设、关注世界人类学发展趋势、发展应用人类学等方面取得了显著进展。

四、20世纪传播学的崛起和跨学科互动发展

传播学是一门研究人类传播现象的科学。传播学的研究对象相当广泛，从广义上讲，包括内向传播、人际传播、群体传播、大众

传播四类传播方式。

传播学在20世纪的历史演进：萌芽于20世纪初，两次世界大战中获得发展契机，四位开拓者初步奠定传播学结构框架和基本研究方法，由施拉姆的《大众传播》一书集其大成；繁荣于20世纪六、七十年代，分化为古典学派、批判学派、技术主义学派三大阵营；20世纪80年代开始谋求变革，日益形成本学科的研究主题，与其他学科互动发展。

传播学对现代科学体系的渗透表现为：为人文社会科学方法的成型作出贡献；为人文科学与社会科学、人文社会科学与自然科学对话提供平台；为几乎所有人文社会科学主干学科提供新的研究视域和理论支持。

中国传播学起步较晚，发展道路曲折，80年代以来全面引进外国传播理论，开展概论性质的基础理论研究，实证研究方面取得一定进展。

五、20世纪管理学的勃兴与广泛应用

现代管理学正式诞生于20世纪初期，是研究人类社会管理活动规律的一门新兴混合型学科。到20世纪末，管理学已经成为人文社会科学的显学之一，成为科学体系中较为有效的公共工程平台。

现代管理学是研究人类社会管理活动规律的一门新兴的混合型学科。

"管理活动"的基本要素是管理者、被管理者、管理过程、管理环境。管理者与被管理者均属"组织人"，现代管理理论首先着眼于"组织人"的人性假设。管理过程一般分为设定目标、计划决策、领导指挥、控制监督四个互相关联的环节。管理环境即组织环境，主要包括任务环境、竞争和行业环境、相关宏观环境；组织环境分析通常包括环境扫描、环境监察、环境预测和环境评估等。

现代管理学理论建构的两个基本方向是科学主义与人文主义；

多元思维促进现代管理学的开放发展。基于科学与人文视野的交叉互动，近20年来，先后出现的全面质量管理、企业再造、学习型组织等管理理论和方式风行全球。

中国学者立足中国传统文化沃土、结合现代社会管理实践经验，提出了较为系统的东方管理理论。

重点辅导

第六章的重点是：语言学、心理学、人类学以及传播学、管理学在20世纪的发展道路、功能影响诸方面的共通特点；语言学、心理学的重要进展及其广泛影响。这一章，无论是把五门学科合起来看，还是分别地看语言学、心理学、人类学以及传播学、管理学，都不但谈“发展”，而且谈“影响”。这是因为五个学科都是跨越了两大科学部类、作用于两大科学部类的。掌握这个关节点很重要。

一、关于20世纪语言学、心理学、人类学以及传播学、管理学的发展及其影响的共通点

（一）从研究对象、研究方法、研究目的看五门学科发展道路的共通点

1. 从20世纪总的发展趋势看，五个学科都越来越自觉地把人的自然属性、社会属性、精神文化属性作为本学科的综合研究对象。人类学、心理学是这样，语言学以及传播学、管理学也是这样。

2. 从研究方法上讲，总体上从单层次、单角度的静态研究自觉转向多层次、多角度的动态研究；从相对封闭的研究自觉转向跨学科开放研究；从手工操作转向高科技的运用。这一点，人类学尤为典型。

3. 从研究目的讲，总体上从狭窄到宽广，从表层到深层；从

满足于实证性描述转向同时注重理解和解释；从较多地看重理论价值转向同时注重应用价值。世界范围内语言学、心理学为什么会成为人文社会科学部类中的先行学科？与学科研究目标的深化和拓展密切相关。

（二）从广泛作用于两大科学部类的发展看五门学科功能影响的共通点

应当说，语言学、心理学、人类学以及传播学、管理学是科学体系中最接近自然科学的人文社会学科。这五门学科研究的重点，一个语言，一个心理，一个文化与体质，一个传播，一个管理，既是极为重要的社会现象，又同自然现象密切相关，所以它们之间联系密切，它们同多种学科也联系密切。

五门学科的功能影响，首先在哲学领域中直接或间接地表现出来；其次，在同其他人文社会学科的交互影响中表现出来，研究对象、研究方法、研究成果都对其他人文社会学科的发展产生了不同程度的影响；再次，在现代科学体系中，由于五门学科研究对象的特殊性，更由于自然科学技术向语言学、心理学、人类学以及传播学、管理学提出了迫切需求，使五门学科同自然科学领域的众多学科产生了交互影响。

上述三方面的功能影响，最具特色的是第三项，即语言学、心理学、人类学以及传播学、管理学作为带有某种“两栖”乃至“多栖”性质的人文社会学科，对自然科学发展起了直接的积极的作用。

二、关于20世纪语言学、心理学的重要进展及其广泛影响

（一）了解世界范围内语言学、心理学发展的脉络

1.20世纪世界语言学的发展大体可以分作三段。第一段，以索绪尔为代表的结构主义语言学突破了19世纪历史比较语言学的路子和方法，相对正确地回答了“人类的语言是什么样子”的问

题；第二段，以乔姆斯基为代表的转换生成语法学派在此基础上，试图进一步回答“人类的语言为什么是这个样子”的问题；第三段，功能学派和认知语言学派等面对时代提出的新课题，综合前人的科学成果并有所创新，加深了对语言的结构和本质的认识，强化了语言使用的研究。

2.20世纪世界心理学发展大体可以分作两个段落。首先，20世纪上半叶，心理学在19世纪实验心理学的基础上，从不同的方向寻求新的突破，影响最大的学派和思潮包括以弗洛伊德为代表的“精神分析”，以及行为主义、格式塔心理学、苏联心理学学派等，学派间的分化和竞争推进了心理学的建设。其次，20世纪下叶，心理学界分别在认知、人格、情绪三大领域中，不同程度地综合各种学派和思潮的合理成分，提出了新的理论假说，进一步提高了人类对心理现象进行描述、理解和解释的科学水平。

（二）了解世界范围内语言学、心理学影响的广泛性

1. 语言学、心理学为什么被不少学者看作是人文社会科学的先行学科呢？一是因为这两门学科的研究对象、研究方法、研究目的跨越了人文社会科学和自然科学的固有界限；二是因为它们的某些研究成果升华到了哲学的层面，影响人的世界观；三是因为它们的研究目的和研究成果一般具有直指科学发展前沿课题的应用性。

2. 为什么说语言学、心理学的影响“广泛”呢？这是因为人类的语言、心理，是人文社会科学和自然科学共同关注的重要焦点；语言学、心理学研究的基本方法乃至基本观念，可以为两大科学部类共同借鉴；语言学、心理学的许多具体研究成果富有应用价值，可以直接为众多具体学科包括新科技所采纳。所以，这两门学科辐射面宽、渗透力强，它们的新成果备受世人瞩目。

（三）了解中国语言学、心理学发展的成就和不足

教材着重对中国语言学、心理学20世纪下半叶的成就进行概括，学习者可据此联系自己的专业实践进行领会。有必要指出的

是，中国的这两门学科，在贴近时代需求、立足本土实际、发展应用研究、进行理论创新等方面，尚须作出巨大努力。时代呼唤更多的中国学子投身于语言学和心理学的研究。

难点提示

第六章中的难点有三个方面要注意解决。

第一，为什么说语言学、心理学、人类学、传播学、管理学虽然跨越了人文社会科学和自然科学两大部类，而“总体上仍然倚重于人文社会科学”，应当视作人文社会科学的主干学科？理解教材的这个观点，同样要从研究对象、研究方法、研究目的来思考。这五门学科的研究对象，说到底，还是重在探讨人的社会属性、精神文化属性，而不是重在探讨人的自然属性。这五门学科研究方法，尽管有的学派力图照搬实证性的自然科学技术的模式，但是从总体上看，由于它们最终必须对人的语言、心理、行为等现象的社会文化内涵进行理解和解释，它们的一般研究方法仍然同自然科学方法有明显的区分度，而与其他人文社会学科的方法趋同。至于研究目的，深究起来，都指向探索人的本质，揭示人与社会的发展规律。应当说明的是，教材的观点以及我们这里所作的阐释，均属“一家之言”；学习者如有兴趣，还可以翻阅有关资料，了解不同的意见。

第二，各学科都有许多思潮流派，只要求了解最重要的。要了解最重要的思潮流派的名称、背景、主张、代表人物、地位影响。教材在概略介绍各学科进展过程中所涉及的最重要的思潮流派，一般说来，不但具有一定的历史地位，而且具有或大或小的科学价值；它们之间不仅存在对立竞争关系，而且存在承传互补的关系。不同声音的存在，通常有助于加深人类对社会现象的理解和认识。学习者要以历史的、发展的、辩证的观点对待它们。这个要求，适用于整个课程的学习。

第三，这一章中术语较多，其中须掌握的最重要的术语，一般都可以借助教材本身进行理解。例如在介绍现代语言学的主要进展时，涉及“历时”和“共时”这一对概念；联系上下文就可以知道，“历时语言学”着眼于语言的起源、发展、变化，是从纵向研究语言的，“共时语言学”则以一种假定不变的语言为研究对象，重在揭示语言的内部结构系统，是从横向研究语言的。

学习建议

1. 学习第六章，要同第一章、第四章相关部分的学习相结合。

2. 对心理学和人类学的学科内涵的概括，见教材的“要点归纳”部分。

3. 传播学和管理学的学科内涵和发展概况只须作一般了解。

4. 语言学和心理学是人文社会科学的领先学科，与教育科学、教育教学实践关系密切，要求理清主线，了解要点。梳理人类学的知识，可以同语言学和心理学相比照，作一般性了解即可。教材列出了一张“人类学分类体系”表，帮助学习者知晓人类学的研究范围；学习者不妨借鉴这种表述方式，利用教材相关部分提供的资料，试编“人文社会科学分类体系”简表、“××学思潮流派发展脉络”简表等。

自测题

一、语词解释

1. 语言学
2. 心理学
3. 人类学
4. 行为科学
5. 认知心理学

二、填空题

1. 瑞士语言学家__________创立了结构主义语言学。他认为语言是符号系统；作为符号，语言的物质性（声音）叫作“能指”，语言的表意性（思想）叫作“____________”，它们之间的关系如同一张纸的反面和正面。

2. 美国语言学家____________对语言学的拓展开始于他对“语言行为”和“____________”的区分；前者研究语言是什么样子，后者回答语言为什么是这个样子。

3. 中国第一部系统的汉语语法著作是《____________》，它的作者是____________。

4.20 世纪初，除了詹姆士的理论经杜威等人的努力形成了强调心理的作用的机能主义学派外，现代心理学几乎在同一个时期，主要从四个方向上，向产生于19 世纪的心理学冯特学派进行挑战。这四个方向是：强调心理学主要建立在可以客观观察和测量的对象上面的____________主义，突出心理现象整体的综合的研究的____________心理学，在精神病理学研究基础上形成的____________理论，和苏联在马克思主义哲学背景和____________生理学基础上开展的心理学研究。

5.20 世纪 50 年代以来，世界心理学在____________理论领域、人格理论领域和____________理论领域提出了新的观点或理论假说。

6. 把心理学研究与社会主义现代化建设结合起来，是当代中国心理学的发展准则之一。中国心理学的应用研究在____________、____________等领域投入甚多，发展迅速。

7. 人类学在发展过程中形成了__________与__________两大分支。

8. 以____________等人为代表的早期人类学，对于马克思主义的____________的完善起了积极作用。

9. 人类学于 20 世纪初由____________倡导传入中国，习称____________。

10. 语言学、心理学、人类学对于现代思维科学发展都作出了重要的贡献。思维科学又称认识科学，是指研究人的____________和人工模拟的综合性科学。

三、选择题

1. 语言学已历经了传统语言学、历史比较语言学和现代语言学三个阶段。现代语言学的正式开端是(　　)

A. 普通语言学　　B. 描写语言学

C. 结构主义语言学　　D. 心理语言学

2. 语言的转换生成理论的重要价值在于(　　)

A. 描写具体语言的结构

B. 试图对整个人类的语言能力作出解释

C. 将现代语言学从对语言系统内部的研究推进到语言使用的研究

D. 开创了从社会文化的演变去研究语言的思路

3. 把语言结构的变化与社会结构变化联系起来，以两者的关系为研究对象的交叉学科是(　　)

A. 社会语言学　　B. 文化语言学

C. 心理语言学　　D. 数理语言学

4. 弗洛伊德心理学说的主要贡献是(　　)

A. 强调人的内在生物性的情欲是最基本的冲动

B. 创立了一种新的非理性主义的哲学流派

C. 突出了“无意识”在人的心理活动领域中的地位和作用

D. 推进了精神病的治疗

5. 瑞士心理学家皮亚杰研究儿童的认知活动，探索认识发生和知识增长的心理机制、分析智力的性质及其结构和机能；他构建的思维心理学是(　　)

A. 一种结构主义认知心理学

B. 一种信息加工认知心理学

C. 一种行为主义心理学

D. 一种生理心理学

6. 人本主义心理学的主要代表之一马斯洛重点分析健康人的心理，全面探讨人类的“基本需要”。在他看来，创造潜能的发挥是人的最高需要，是人生追求的最高目的，这一目标以及潜在美德

的实现就是(　　)

A. “归属和爱的需要”的实现

B. “认知需要”的实现

C. “审美需要”的实现

D. 自我实现

7. 中国现代心理学的开创得力于五四新文化运动重要骨干的倡导；主要倡导者是(　　)

A. 蔡元培　　B. 胡适　　C. 陈独秀　　D. 李大钊

8. 现代意义的人类学，创立于(　　)

A. 18 世纪中叶　　B. 19 世纪中叶

C. 19～20 世纪之交　　D. 20 世纪初期

9. 人文社会科学研究方法中的“完全参与调查法”，在人类学中得到普遍的应用，并被称为“田野作业”、“人种志”和“民族志”。这类方法在二次大战后被区分为两种不同的类型；其中从一个社会和一个民族自己的观点和模式来研究自己文化的方法，被称为(　　)

A. 主位研究法　　B. 客位研究法

C. 主客互动研究法　　D. 客主合作研究法

10. 考古人类学是中国人类学研究的优势学科；从教材所列“人类学分科体系”表中可以看出，它与相关学科的关系为(　　)

A. 从属于人类起源学

B. 偏重于体质人类学

C. 偏重于文化人类学

D. 兼及体质人类学和文化人类学

四、简答题

1. 索绪尔是如何区分“语言”和“言语”这两个概念的？

2. 精神分析的核心理念是什么？

3. 20 世纪 90 年代初提出的情绪心理学的理论假说“情绪智慧”(俗称“情商”)，它的基本点是什么？

五、论述题

1. 试综述20世纪语言学、心理学、人类学以及传播学、管理学的发展道路和功能影响的共通点。

2. 说说20世纪语言学、心理学的重要进展。

3. 有位学者讲述了这样一个真实的故事。在我国一座大城市里，有位小姑娘依靠父母亲艰苦的努力，好不容易跨学区进入了全市最好的一所小学。小姑娘高兴极了，开学前几天，兴奋得晚上睡不着觉。开学以后头几天，小姑娘天天在家里的饭桌上说学校这样好那样好。可是，就在开学第一周的周末，小姑娘回家后突然嚷着下星期再也不去上学了。父母亲不知所措，急着追问缘由。小姑娘哭着说：今天，整整一天，班主任老师没有看我一眼，连一眼也没有看啊！

有位小学校长讲述了另一个真实的故事。一个小学生期中考试数学只得了58分，在教师办公室哭着不肯回家。他对老师说，分数单上挂红灯笼，妈妈是不准让我进家门的。看看老师不作声，又说：老师，这次能不能先借给我2分呢？下次再考，我一定还上这2分。数学老师想了想，深深地点了点头。到了下一次考试，孩子有明显进步，还了2分，受到老师的表扬。之后，孩子的成绩列入了班级的中上游。

试就这两件事，谈谈学习心理学的意义。

参考答案

一、语词解释

1. 一门研究人类语言的内部结构、功能和发展，揭示语言本质及其存在和发展规律的学科。

2. 一门以人（以及动物）的心灵作为对象，并用科学方法阐明其本质的学科。

3. 一门研究人的自然属性和社会—文化属性的学科。

4. 以一般生物和人类的行为研究对象，以心理学、人类学、社会学等学科为基础，重视经验性和综合性的理念和方法，力图沟通以至综合多数人文社会学科乃至若干自然学科的综合性学科。

5. 有广狭二义。就广义而言，泛指侧重研究人的认识过程的心理学科。就狭义而言，特指以信息加工的观点和概念说明人的认知过程的心理学科。

二、填空题

1. 索绪尔　所指

2. 乔姆斯基　语言能力.

3. 马氏文通　马建忠

4. 行为　格式塔　精神分析　巴甫洛夫

5. 认识　情绪

6. 教科文　经政法医体

7. 体质人类学　文化人类学

8. 摩尔根　唯物史观

9. 蔡元培　民族学

10. 有意识思维的特点、规律、历史发展

三、选择题

1. C　2. B　3. A　4. C　5. A　6. D　7. A　8. B　9. A　10. D

四、简答题

1. 语言是语言符号的相互关联的系统，言语则是实际话语。前者是社会的、主要的，后者则是个人的、从属的。虽然语言存在于言语中，但是语言研究只有排除杂乱的、偶然的言语现象，才能确立语言学的科学性。

2. 一是关于人类行为的本能，认为人的内在生物性的情欲是最基本的冲动。这就是弗洛伊德的泛性主义和本能观。

二是关于“无意识”，认为心理机能中意识不到和难以接近的部分就是“无意识”；并认为人的根本心理动机都是无意识的，“无意识”在人的生活中起着决定性的作用。这就是弗洛伊德对整个心理学带来很大影响的“无意识”理论；为治疗精神病而对病人的无意识进行心理分析，就是精神分析。

3. 人对自我情绪的感知力、调控力和激发力，以及与此相关的对他人情绪的理解能力、人际交往能力，对事业成功的作用，超过了人们所熟知的“智商”。“情绪智慧”主要是后天形成的。

五、论述题

1. 答案要点：首先，从研究对象、研究方法、研究目的看五门学科发展

道路的共同点。从总的发展趋势看，五门学科都日益自觉地把人的自然属性、社会属性、精神文化属性作为本学科的综合研究对象。从研究方法上看，总的都是从单层次、单角度的转向多层次、多角度的动态研究；从相对封闭的研究转向跨学科开放研究；从手工操作转向新技术的运用。

其次，从广泛作用于两大科学部类的发展看五门学科功能影响的共同点。这五门学科研究的对象，既是重要的社会现象，又同自然现象密切相关，它们之间联系密切，它们同多种学科也联系密切。它们的功能影响，一是在哲学领域中直接或间接的表现出来，二是对其他人文社会学科的发展产生了不同程度的推动作用，三是对自然科学发展起了直接的积极的作用。

（回答此题可参看“重点辅导”第一部分）

2. 答案要点：语言学的进展经历了三个阶段。第一步，结构主义语言学突破了传统语言学的路子和方法，相对正确地回答了“人类的语言是什么样子”的问题。第二步，语言的转换生成理论在此基础上，试图进一步回答“人类的语言为什么是这个样子”的问题。第三步，功能学派和认知语言学派综合前人的科学成果并有所创新，加深了对语言的结构和本质的认识，强化了语言使用的研究。

心理学的进展大体经历了两个阶段。第一段，在 19 世纪实验心理学的基础上，分别从主要强调实证性研究、突出整体的综合的研究、突出“无意识”的研究、突出人的意识与社会发展的关联等不同方面，寻求新的突破，在学派间的分化和竞争中推进了心理学的建设。第二段，分别在认知、人格、情绪三大领域中，不同程度地综合各种学派和思潮的合理成分，提出了新的理论假说，提高了对心理现象进行描述、理解和解释的科学水平。

（回答此题可参看“重点辅导”第二部分）

3. 回答提示：这两个案例的共同点是，它们都涉及学生、教师、家长的教育心理。第一，小学生期待的是关心、爱护和理解（两例皆然）。第二，教师的行为态度，小到课内外射向学生的视线的分配（第一例），大到对学生学习情况的评价和对学生发展的预期（第二例），都会在小学生心中产生强烈的消极（第一例）或积极（第二例）的影响。第三，家长过度的期望和呵护（第一例），或者是简单粗暴（第二例），都会对学生的心理发展造成消极影响（第一例中，在过度的呵护之下长大的、具有某种优越感的“小太阳”，心理上经不住也许只是短暂的偶然的挫折；第二例中，孩子心理上承受着巨大的精神压力，笼罩着阴影——可喜的是，这个孩子能尝试与命运抗争）。

进一步思索，在这类案例中的学生、教师、家长的教育心理，都有特定着的社会心理背景。为什么说实施素质教育是一个涉及全社会的系统工程呢？可以从社会心理的角度进行讨论。

对于教育工作者来说，学一点心理学，以不断调整自己的心理状态，给孩子以更多的关心、爱护、理解和疏导，给家长提出必要的有说服力的建议，向社会作积极宣传，实在是十分重要的。

（回答此题要突出“心理学学习的意义”，适当联系相关案例。另外，可参看教材第十章的教育心理学部分）

DI QI ZHANG 第七章
经济学社会学法学适应时代需要迅速发展

学习目标与要求

第七章介绍20世纪社会科学中具有典型意义、科际联系十分紧密的学科群经济学、社会学、法学的发展概貌。经济是社会的基础，经济学在人文社会科学中相应占有较为特殊的地位。学习第七章的具体要求是：

1. 了解20世纪世界和中国经济学研究的迅速发展。
2. 了解20世纪社会学的迅速发展。
3. 了解20世纪法学的迅速发展。
4. 了解经济学、社会学、法学在学科性质上的共通点。

知 识 结 构

第七章共分三个小节。这三节的结构模式都是：首先概括学科内涵，然后分别阐述20世纪每一个学科研究对象和研究方法的发展，现代西方经济学、社会学、法学的重要思潮流派，马克思主义经济学、社会学、法学及其在当代中国的发展。

上述三小节有个共同的视点，即这三个学科之所以十分活跃、发展迅速，是它们能够适应20世纪经济发展不断受到挑战、社会结构急剧变动、改革呼声日渐高涨的时代需求。第一节为本章重点。

一、20世纪经济学不断接受挑战

教材认为，经济学是研究人类社会生产、交换、分配、消费等各种经济活动和各种相应的经济关系，揭示其运行、发展规律的科学。

（一）现代经济学研究对象和研究方法的发展

1. 现代经济学两大体系基本研究对象的区别

第一，经济学作为人文社会科学发展史上较早出现的一门独立的科学，是随着资本主义生产方式的产生和发展而逐步形成的。19世纪中后期，经济学裂变为资本主义的经济学和马克思主义的经济学两大体系，两者在研究对象上有很大区别。

第二，20世纪西方经济学的基本研究对象为：财富、国民经济和一般经济活动、个人消费的满足和市场、“生产一般”。它们排斥或淡化生产关系及在一定社会历史形态下的具体生产的研究。

第三，马克思主义经济学的基本研究对象为整个人类社会各种生产关系或生产方式。20世纪马克思主义经济学关注资本主义经济发展的新问题、新动向，着重研究社会主义的经济活动和经济关系。

2. 现代经济学研究方法的发展

第一，现代西方经济学主要采用实证方法，通过对经济事实和行为的分析，回答“实际怎样”的问题；也采用规范方法，涉及对经济现象的价值判断，回答“应该怎样”等问题。马克思主义经济学采用辩证唯物主义与历史唯物主义的方法论。

第二，现代经济学在具体研究方法上的重要发展，一是越来越多地借助于实验方法，二是大量运用现代数学方法并采用计算机技术进行经济数量关系的分析。

(二) 现代西方经济学的主潮和流派

1. 现代西方主流经济思潮及其流派

第一，西方经济学基本上是两大经济思潮：经济自由主义，国家干预主义。经济自由主义的内核在于：在经济生活中占统治地位的应当是市场这只“看不见的手”；国家干预主义的内核在于：在经济生活中政府的“看得见的手”占有重要地位。在自由资本主义发展较为顺利的时期，早期经济自由主义占据主导地位。20 世纪初垄断经济形成，经历了 1929 年的经济危机，以凯恩斯为代表的新的国家干预主义占主导地位。60 年代末，西方经济普遍出现“滞胀”，凯恩斯的追随者提出了“后（新）凯恩斯主义”，同时经济自由主义思潮再度活跃，两者交叉结合，成为当代西方主流经济思潮。

第二，与凯恩斯主义论战中，属于新经济自由主义思潮的货币学派影响很大。货币主义的内核在于：货币供应量的变动，是引起产量、就业和物价变动的决定性因素。新经济自由主义思潮拥有许多流派，其共同点是强调市场机制的自动调节作用，反对国家干预。

2. 现代西方非主流经济学派

二战后资本主义国家的经济发展迅速，同时，经济危机和波动更加频繁，社会问题尖锐，一批既不属于凯恩斯主义、也不属于新自由主义的非主流经济学派获得迅速发展。其中，较早主张运用总量和动态分析方法建立动态经济理论体系的瑞典学派，日益受到重视。

3. 西方经济思潮流派发展现状及趋势

第一，当代西方经济学流派林立，不同的学术观点和政策主张层出不穷。

第二，当代西方经济学出现了某些新的趋势：西方宏观经济学和微观经济学两个部分进一步对话和沟通；一些学派强调打破纯经济分析的框框；承认西方经济学还很不完善；“知识经济”呼唤经济学的新形态，寻找新的维系经济长期增长的决定因素；经济的国际化趋势，使国际经济学的地位日见重要。

（三）马克思主义经济学及其在当代中国的发展

1. 马克思主义和列宁主义经济理论

第一，马克思主义经济学的创立。马克思和恩格斯的经济学说的侧重点是研究资本主义经济制度的产生、发展和灭亡的规律。它以劳动价值学说为基础，以剩余价值学说为中心内容；从人类历史发展的观点，提出了社会主义和共产主义社会的一些基本特征。

第二，列宁对马克思主义经济学的发展。列宁发现了帝国主义时代政治经济发展的不平衡，得出社会主义将首先在一国或几国取得胜利的结论。俄国十月革命胜利后，列宁从苏联的国情出发，提出了引入商品经济关系的新经济政策；强调发展社会生产力对巩固社会主义的重要意义；重视经济计划、按劳分配、经济核算、社会主义物质利益原则的作用。在最后的几篇著作中，列宁把发展商品经济列为苏联社会主义建设的核心课题。

2. 马克思主义经济学在中国的发展

第一，中华人民共和国建立后，毛泽东和中国其他的马克思主义者，提出了许多具有重要意义的关于社会主义经济建设的理论观点；在社会主义商品生产和商品交换问题的理论上有所突破。但是正确的理论观点没有得到真正贯彻。

第二，党的十一届三中全会以来，邓小平紧紧把握解放和发展生产力这一社会主义的最根本要求，在总结人民群众的创造性实践经验的基础上，形成了一个相对完整的经济思想体系。教材把邓小平经济理论对马克思主义经济理论的重大发展，概括为十三个方面。

第三，党的第十五次代表大会，沿着邓小平理论的方向继续前进。教材把这次历史性的会议对马克思主义经济理论作出的新贡献，概括为八个方面。

二、20 世纪社会学面对日趋复杂的社会问题

教材认为，社会学是对社会进行具有某种综合性质的研究，力求运用科学方法揭示出自己所研究的对象的特殊规律性的科学。这里所说的“自己所研究的对象”主要指什么？教材提示：现代社会学越来越集中地探究社会生活中受到普遍关注的现象和问题。

（一）现代社会学研究对象和研究方法的发展

1.20 世纪初期，对社会学研究对象和研究方法的看法，大体分为三类。一类以社会整体及社会构成及其变迁为研究对象，基本研究方法要求取法实证主义，具体方法注重社会调查。另一类把社会个体的行为和动机作为主要研究对象，基本研究方法同时强调理解和解释，具体方法多以个案分析为基础。第三类是马克思主义的看法，在研究对象上主张社会整体和社会个体的辩证统一，基本方法坚持辩证唯物主义和历史唯物主义，具体方法则强调多样化。这三类观点，对 20 世纪社会学的发展影响深广。

2. 二战之后，出现以下发展趋势：一是研究重心转向现实问题的诊断，研究方法转向综合比较；二是跨学科交叉研究迅速发展，研究对象复杂化，研究方法复合化；三是研究对象沿着时间和空间两个方面拓展，大规模综合比较研究方法逐步走向成熟。

（二）现代西方社会学的思潮流派

1.19 世纪末和 20 世纪初，西方社会学的主要思潮一分为二。法国学者迪尔凯姆为代表的实证主义社会学逐步取得主导地位，强调从整体上研究社会，但是把研究对象具体规定为有特定内涵的“社会事实”；方法上建立了特定的实证规则。另一方面，德国社会学家韦伯为代表形成的“理解社会学”思潮，主张研究重心在于作为个体的社会行动者的行为动机和价值取向；认为行动的客观方面可以运用实证方法，而行动的主观方面则要依靠理解进行解释。上

述两大思潮均产生了持久而重大的影响。

2. 20 世纪中期，综合了多种思潮流派不同理论要素的“结构功能主义”，成为西方社会学的主导性思潮；它把社会看作是一个相对稳定的巨型系统。在大量社会问题蜂拥而至的 60 年代中后期，结构功能主义受到各方面的批评，出现了不少新的学派。

3. 80 年代以来，出现了不同思潮流派之间的融合态势，社会问题的复杂性和社会认识的综合性日益为不同学派所关注，社会学应用功能逐步增强，理论力度也逐步增大。

（三）马克思主义的现代社会学

1. 马克思主义社会学的初创形态是宏观社会学理论，马克思主义方法论为研究社会现象提供了科学的准则。20 世纪初，列宁第一次把马克思的社会理论称为马克思主义社会学。列宁把社会看成一个处于运动过程中的有机整体，认为唯物史观是社会学方法论基础，并把研究视野扩展到帝国主义阶段的资本主义，扩展到社会主义的革命和建设。

2. 中国社会学在 20 世纪上半叶曾得到一定发展，但是后来受前苏联取消社会学的影响，于 1950 年～1978 年陷入停滞状态。80 年代以来，马克思主义社会学在中国得到迅速发展。其主要标志，一是中国学者对社会学研究进行了回顾和展望，认为应该建立有时代特点和中国特色的社会学；二是在重新认识马克思主义社会学的同时，充分注意吸收西方社会学的有益成果；三是贯彻双百方针，提倡学术民主；四是注重理论与实际的结合。在不太长的时间内，中国社会学的研究队伍迅速壮大，对社会学理论、社会学方法、社会学史，以及一系列受到普遍关注的现实的基本问题，作了多角度研究，拥有大批分支学科的学科体系已经初步形成。

三、20 世纪法学与现代社会法制建设

教材认为，法学又称法律学，是研究“法”这一特定社会现

象，揭示其发展规律的科学。什么是“法”？按照马克思主义的观点，法是“社会—法律”网络中的有机组成部分，服务于经济基础；又是一个“新的独立的部门”，是一种文化现象。

（一）现代法学研究对象和研究方法的发展

1. 现代法学研究对象发展与法学学科体系的调整。第一，现代法学的进程与现代社会的法制建设息息相关。现代社会生活的多元化，社会关系和生活的多结构、多层次的发展趋势，使法学的研究对象不断增加，研究范围逐步扩大，引起现代法学学科体系的变动、调整。第二，法学学科框架的传统构成，主要包括理论法学、历史法学、部门法学、应用法学等板块。当代，比较法学和边缘法学已成为法学的新的重要组成板块。

2. 现代法学研究方法的发展。20 世纪上半叶西方法学界中，形式主义抽象分析的研究方法和实证方法均有相当影响；20 世纪下半叶，系统方法影响很大。在马克思主义法学体系中，辩证唯物主义和历史唯物主义方法论始终处于主导地位。当代，法学文化的蓬勃兴起使法学研究的方法更加多样化。

（二）现代西方法学的主要流派及其发展走向

1. 20 世纪西方法学的主要流派。第一，20 世纪上半叶的四大主流学派是 19 世纪四大法学流派的延续和发展。第二，20 世纪中叶形成三足鼎立之势。一是新自然法学派，其代表为美国的富勒、罗尔斯。富勒认为，法律是使人的行为服从于规范治理的事业；他提出了法制的八大原则。罗尔斯出版于 1971 年的《正义论》，对法学研究影响较大。二是新分析实证主义法学派，其代表是英国法学家哈特。这一学派自觉吸取其他学派的长处和成果研究法律现象，视野更加开阔，比较注重功效。三是注重法律的社会功能、社会作用的社会法学派；社会法学近几十年来成为欧美法学领域的研究热门。

2. 当代西方法学的综合化趋势。三大流派的观点出现了综合之势。有学者认为，法律的事实、形式和价值密不可分，法律的制定和实施受到社会多种因素的制约，提出了建立“统一法学”的主张。综合法学派因此诞生。

（三）马克思主义法学及其对当代中国实现法治的指导意义

1. 马克思主义法学的基本原理。马克思主义法学要求从特定历史阶段的经济条件、物质利益和阶级关系中去探究法，同时不能忽略法的内在特性、自身的发展原理与规律。

2. 马克思主义法学与当代中国的法学研究。中国处于社会主义初级阶段，社会的主要矛盾是人民日益增长的物质文化需要同落后的社会生产之间的矛盾。50 年代来自苏联的“国家与法”的理论，使法学脱离国情；封建文化传统给法制建设投下阴影。十一届三中全会以后，邓小平理论中十分强调社会主义民主与法制建设，法学研究也取得很大进展。党的第十五次代表大会明确提出了“建设社会主义法治国家”的目标。江泽民在政治报告中阐明了依法治国的主体，“法”的性质和形态，以及“治国”的内涵，既同过去重人治不重法治的状况划清了界限，也同西方资本主义国家的法治划清了界限。这一指导思想的形成，标志着当代中国法学研究取得重大突破。

重点辅导

第七章的重点是：经济学、社会学、法学在学科性质上的共通点；20 世纪世界和中国经济学的重要进展。

一、关于经济学、社会学、法学在学科性质上的共通点

这里，要求把涉及学科性质的三门学科的共性归纳一下。第七章头一句话就说：经济学、社会学、法学是社会科学中具有典型意义的主干学科，它们的科际关系十分密切。注意“社会科学”这个范畴，以及“具有典型意义”这个提法。如果我们补上一句“文史

哲是人文科学中具有典型意义的主干学科”，两相对照，问题的关键就更加清楚了。

首先，了解这三门学科在研究对象方面的共性。经济学、社会学、法学的研究对象，不管由于历史发展阶段、意识形态背景、学术思潮流派的不同而产生了多么不同的界定，但是有一点总是相通的，那就是它们的研究对象都是具有典型意义的重要的社会现象，都是人的特定社会活动和社会关系。

其次，了解三类学科在研究方法方面的共性。三门学科的发展史，都出现过科学主义研究方法和人文主义研究方法的对峙；但是实践已经证明，走极端无益于社会科学的发展。20世纪三门学科多种研究方法逐步走向综合互补，在社会科学发展史上具有典型意义。

再次，了解三门学科在思潮流派发展演变方面的共性。一方面，三门学科在20世纪的思潮流派尽管令人眼花缭乱，但追根溯源，脉络不难把握。这里所说“根”、“源”、“脉络”，不仅是指某一思潮流派在学科理论体系中的来龙去脉，更是指各种思潮流派与社会实践、时代精神的密切关联。20世纪三门学科的重要思潮流派，都是应运而生；都是从不同的角度、层面，对社会需求和时代课题作出的应答。就是说，三门学科思潮流派的发展演变，典型地反映出社会科学的生命活力源于社会实践。另一方面，三门学科思潮流派的发展演变又反映了社会科学自身发展的需要：通过各种理论体系、流派、观念之间的争论与批判、继承与创新，实现自身的发展。

最后，了解这三门学科在社会功能方面的共性。三门学科都是以不断创新的科学理论成果作用于人的社会认识，从而对特定学科为之服务的社会生活产生建设性的影响，同时也对人文社会科学乃至自然科学体系健康发展作出贡献。邓小平1979年3月明确提出：“政治学、法学、社会学以及世界政治的研究，我们过去多年忽视了，现在需要赶快补课。”三门学科在人文社会科学中的地位，是由它们的社会功能所决定的。这一点，对社会科学同样具有典型意义。

二、关于20世纪世界和中国经济学的迅速发展

(一)了解世界和中国经济学迅速发展的原因

1. 经济学以“经济”为研究对象。经济是社会的基础，经济活动和经济关系在人类全部社会活动和社会关系中，具有决定性的作用。经济学研究受到全社会重视，吸引了众多人才。在西方，经济学被称为“社会科学的皇后”；中国的社会科学成果排行榜，经济学名列前茅。

2.20世纪世界和中国经济发展速度之快，面临难题之多，接受挑战之大，史无前例。这为经济学迅速发展提供了历史的机遇。

3. 经济学是人文社会科学发展史上较早出现的一门独立的科学，这为20世纪经济学迅速发展奠定了深厚的理论基础。

4.20世纪初，世界范围内人文社会科学进入了整体性的拓展阶段，这对经济现象进行深层次的多学科综合研究创造了优越的条件。

5.20世纪经济学领域思想活跃，思潮迭起，流派繁多，这是本学科内部通过比较竞争实现新陈代谢的重要动因。

(二)了解近现代世界经济学发展的轨迹

1. 了解近现代世界经济学发展的大走向。主要是一个理论源头，两大理论体系。

教材指出，近代经济学是随着资本主义生产方式的产生和发展而逐步形成的。一个理论源头，指的是以斯密和李嘉图为代表的古典经济学。两大理论体系，指的是现代资本主义经济学体系和马克思主义经济学体系。古典经济学作出了哪些理论贡献，存在怎样的历史局限，教材作了简要的概述。两大理论体系在经济学的研究目的、研究对象方面有重大区别，基本研究方法也有所不同。两大理

论体系在20世纪都有重要发展。

2. 了解现代西方经济学的发展主线。综合教材第七章和第一章的相关内容，可做以下归纳：新古典经济学——凯恩斯主义经济学——后凯恩斯主义和新自由主义经济学并存。

主要的关节点是：第一，1870年前后边际效用学派对古典经济学发起“边际革命”，打开了西方经济学由着重研究生产、供给和成本，转为着重研究消费、需求和效用的大门。第二，1890年马歇尔出版《经济学原理》，综合了古典经济学对客观因素的重视和边际学派对主观因素的强调，崇尚经济自由主义；这是新古典经济学体系形成的标志。新古典经济学是20世纪西方经济学的先导和基础。第三，1936年凯恩斯出版《就业、利息和货币通论》，总结30年代经济危机的教训和经验，首创了一套完整的国家干预理论，同时开了现代宏观经济研究的先河，被称为“凯恩斯革命”。凯恩斯是20世纪西方最有影响的经济学家。第四，20世纪中后期，凯恩斯的追随者依据新的时代需求，综合吸收其他学派的某些理论成果，形成动态性的后凯恩斯主义。第五，20世纪中后期，由于西方经济普遍出现经济停滞和通货膨胀并发的局面，新自由主义经济思潮兴起。其中货币主义学派的代表人物为美国学者弗里德曼；他在20世纪西方经济学领域的影响仅次于凯恩斯。

（三）了解当代中国经济学的成就和使命

当代中国经济学是马克思主义经济学理论的继承与发展，其主要成就集中凝聚于邓小平经济理论。

邓小平经济理论的主干是社会主义市场经济理论。其基本思想是：在社会主义条件下，通过改革开放建立新的经济体制，达到解放和发展社会生产力的目的。这一理论的创立不但突破了传统的计划经济理论，而且突破了传统的市场经济理论。

教材对邓小平经济理论以及十五大对马克思主义经济理论作出的新贡献作了简要概括；学习者可以联系当代中国经济学理论的新发展，从经济体制改革目标理论、所有制改革理论、农村改革理论、企业制度改革理论、市场体系理论、宏观管理体制改革理论、收入分配理论、对外开放理论等方面进行综合梳理。

应当看到，社会主义初级阶段是一个漫长的过程，中国正处在深化经济体制改革、建立社会主义市场经济体制的关键时期，经济学理论的建设和创新任重道远。

（四）了解世界经济学的前景

当今世界经济学面临两大课题，一是经济一体化日趋明显，二是知识经济已经初露端倪。有学者认为，经济学发展与其所处的历史阶段息息相关，它将继续接受时代的挑战，寻求更为广阔的发展空间；一场新的经济学革命行将到来。教材对西方经济思潮流派发展趋向和马克思主义经济理论发展前景作了提示。

难 点 提 示

第七章的难点集中在三个方面。

第一，如何看待经济学、社会学、法学在研究对象和研究方法方面存在众多的不同意见。从第五章开始，我们越来越清楚地发现，大多数人文社会科学的主干学科，对于本学科到底研究什么（包括对象是什么，应该着重研究什么，范围有多大），怎么研究（含一般方法和具体方法），乃至为什么要研究，都有许多见仁见智的主张；这种情况，在经济学、社会学和法学领域表现得相当突出，而且具有明显的阶段性。从根本上说，这反映了人文社会科学的特性和本质；重温教材第一章的阐述，问题可以迎刃而解。应当补充的是，任何学科都处在发展和自我反思的过程之中，其研究对象、方法、目的是动态的而不是静止的；学科与学科之间是交叉互渗的，而不是孤立封闭的；经济学、社会学、法学对现实问题的反应特别灵敏，它们的生命活力往往正是通过适时满足社会的现实需求而反映出来的，这些学科的具体研究对象、方法、目的的不断调整十分自然。如何识别众多不同意见是否具有科学性与合理性，如何判断其科学价值的高下？“实践是检验真理的惟一标准”。

第二，如何梳理思潮流派的发展脉络，区分它们的主次轻重。首先，学科思潮流派的发展，是学科成长的重要标志，梳理思潮流派的发展脉络，是了解学科发展史的重要方式。其次，学术思潮的范围比理论流派的范围广泛得多，同一思潮，可能有许多流派；梳理脉络，首先是梳理主导性思潮的脉络。再次，本指导书对教材所介绍的思潮流派已经做了必要的提炼，突出了学习者应当了解的最重要的思潮流派，用简化的方式表述了它们的发展脉络，学习者可据此掌握教材的主线和重点。本指导书第六章“难点提示”中，对如何看待人文社会科学发展历程中大量涌现的思潮流派所发表的意见，可供学习者参考。

第三，了解经济学部分的若干重要术语的含义。这里主要介绍现代一般西方经济学对微观经济学和宏观经济学核心概念的理解。“微观”一词的英文来源于希腊文，原意是小。微观经济学研究的对象是单个经济单位，主要是居民户（家庭）与厂商（企业）；解决的问题是资源配置，就是生产什么，如何生产，为谁生产；中心理论是价格理论，通过价格调节整个社会的经济活动，使资源配置达到最优化；研究方法是个量分析，研究经济变量的单项数值如何决定。基本内容包括：均衡价格理论、消费者行为理论、生产理论、分配理论以及微观经济政策。“宏观”一词的英文也来源于希腊文，原意是大。宏观经济学研究的对象是整个经济，从总体上分析经济问题；解决的问题是资源利用，就是现有资源为什么没有得到充分利用，怎样实现充分利用，如何增长等；中心理论是国民收入决定理论，以国民收入的决定为中心研究资源利用问题，分析整个国民经济的运行；研究方法是总量分析，总量是指能反映整个经济运行情况的经济变量。基本内容包括：国民收入决定理论失业与通货膨胀理论、经济周期与经济增长理论、开放经济理论，宏观经济政策等。学习者初步了解上述概念，有助于经济学部分的理解。

学习建议

1. 把教材第七章第一节作为学习重点；依据本指导书的思路掌握第二节、第三节的要点。

2. 同第一章、第四章相关部分的学习相结合。

3. 与第五章、第六章的内容相比照，领会经济学、社会学、法学这个学科群的特点。

4. 经济问题、社会问题、法治问题与教育教学工作，与每个家庭和每个人的生存、发展密切相关。当代中国经济学、社会学、法学研究发展很快，新理论、新观点、新方法不断涌现，学习这一章，要关心目前各相关领域的新进展。

自测题

一、语词解释

1. 经济学

2. 社会学

3. 法学

4. 《资本论》

5. 经济“滞胀”现象

二、填空题

1. 19 世纪中后期，经济学裂变为两个体系：一是__________，一是__________。这两大体系在研究对象上有很大区别。

2. 现代西方经济学虽然流派繁多，但多以比较适合于特定对象的__________方法与__________方法进行研究。这两种研究方法最大的区别在于，前者主要着眼于处理“实际怎样”的问题，后者则主要着眼于处理“__________”的问题。

3. 纵观西方经济学发展历史，基本上是两大经济思潮：一是__________主义，一是__________主义。

4. 马克思主义经济学说的侧重点是研究资本主义经济制度的产生、__________和__________的规律。它以劳动价值学说为基础，以__________学说为中心内容。

5. 19 世纪末和 20 世纪初期，西方社会学的主要思潮一分为二。逐步取得主导地位的，是以法国第一位社会学教授__________为代表的__________社会学思潮。而德国社会学家__________倡导的研究社会行动者的行为动机和价值取向的“__________社会学”，也产生了持久而重大的影响。

6. 列宁第一次明确地把马克思的社会理论称为马克思主义社会学。列宁认为，科学的社会学应该把社会看成一个__________，唯物史观是社会学的__________。

7. 法学学科框架的传统构成主要包括理论法学、__________、__________及应用法学几大板块。理论法学又称__________，是法学研究的基础；应用法学主要研究国内和国际的现行法律及其__________、__________和应用，是法学体系的主要部分。

8. 20 世纪后期，西方出现了主张建立一门“统一法学”的综合法学派。该学派认为，西方法学 20 世纪中期形成的__________学派只强调法律的事实，__________学派只重视法律的形式，__________学派只推崇法律的价值，都不全面；法律的事实、形式、价值是密不可分的，法律的制定和实施受到社会多种因素的制约。

9. 党的十一届三中全会以来，邓小平抓住了马克思列宁主义毛泽东思想的精髓，紧紧把握__________这一社会主义的最根本要求，在总结人民群众的创造性实践经验的基础上，建立了一个相对完整的经济理论思想体系。

10. 党的第十五次代表大会明确提出了“__________”的目标，大力推进依法治国的进程。江泽民在政治报告中对“依法治国”的主体，“法”的性质和形态，以及“治国”的内涵作了高度概括。这一理论既同过去那种__________的状况划清了界限，也同__________的法治划清了界限。

三、选择题

1. 西方经济学的奠基者、《国民财富的性质和原因的研究》的作者亚当·斯密是(　　)

A. 美国人　　B. 英国人　　C. 德国人　　D. 法国人

2. 在20世纪30年代资本主义经济危机爆发的背景下，西方经济学发生了一次新的国家干预主义占主导地位的(　　)

A. “边际效用学派革命”　　B. “凯恩斯革命”

C. “萨缪尔森革命”　　D. “瑞典学派革命”

3. 在当代西方经济学中影响很大、提高了人们对货币供应量和货币政策的重视程度的“货币学派”，属于(　　)

A. 主流经济思潮中的新自由主义经济思潮

B. 主流经济思潮中的后凯恩斯主义思潮

C. 非主流经济思潮中的“创新”理论

D. 非主流经济思潮中的“经济成长阶段论”

4. 面对着现实经济问题的挑战，西方经济学派别中，早在凯恩斯之前就提出了国家干预经济的主张，并且建立了动态经济理论体系的是(　　)

A. 新制度学派　　B. 供给学派

C. 公共选择学派　　D. 瑞典学派

5. 与马克思主义社会学有着原则区别的西方社会学的开创者是(　　)

A. 孔德　　B. 迪尔凯姆

C. 韦伯　　D. 帕森斯

6. 现代社会学研究往往成为各种社会思潮的焦点。主要原因在于(　　)

A. 关于社会学研究对象的争论特别多

B. 关于社会学研究方法的争论特别多

C. 现代社会学越来越集中地构建独立的理论体系

D. 现代社会学越来越集中地研究社会生活中受到普遍关注的现象和问题

7. 现代社会学研究在时间上拓展的主要标志是（ ）

A. 理论社会学的勃兴　　B. 应用社会学的勃兴

C. 未来社会学的勃兴　　D. 世界社会学的勃兴

8. 由于早期社会法律制度远未健全，法学与哲学、政治学、伦理学界限不清。作为独立学科的现代法学的诞生要推至19世纪，其标志是（ ）

A. 资产阶级法学体系的建立

B. 社会法学派崛起

C. 分析法学派崛起

D. 新自然法学派崛起

9. 提出了法律的普遍性、法律的公布、不溯及既往、法律的明确性、法律的非矛盾性、遵守的可能性、法律的稳定性以及官方行动与宣布的法律规则的一致性等"法制八大原则"的法学家是（ ）

A. 新分析实证主义法学派的代表哈特

B. 新自然法学派代表富勒

C. 新自然法学派另一代表、《正义论》的作者罗尔斯

D. 社会法学派的代表庞德

10. 当代中国法学研究者坚持马克思主义法学基本原理，运用邓小平理论，切实把法学研究工作的重心转移到（ ）

A. 法与意识形态的关系上

B. 法与经济的关系上

C. 法与文化的关系上

D. 比较法学与边缘法学的建设上

四、简答题

1. 20世纪世界和中国经济学迅速发展的原因是什么？

2. 当代西方经济学出现了哪些新的发展趋势？

3. 邓小平经济理论的主干是什么？这一理论创立的历史意义是什么？

4. 第二次世界大战以后，社会学的发展出现了哪些趋势？

5. 怎样认识当代西方法学综合化的趋势?

五、论述题

1. 概述经济学、社会学、法学在学科性质上的共通点。

2. 归纳近现代世界经济学发展的主要线索。

3. 报纸杂志上不时可以看到未成年小学生在学校读书时，因伤因病由学校以监护人身份承担经济赔偿责任的报道。

小学生李某跑步玩耍中不慎摔倒，压在6岁学前班学生王某身上，造成王某骨折，经法医鉴定属十级伤残。王某状告李某及王、李所在小学赔偿人身伤害造成的损失1.3万元。一审法院以学校管理不善，应负次要责任为由，判令其赔偿20%，李某负主要责任，赔偿80%；二审法院则以学校对两名学生承担监护责任应负主要责任为由，改判承担赔偿70%，而李某应负次要责任，判令其赔偿30%。此案公布后，出现了两种不同的意见。

一种意见是：家长将孩子送到学校后，原有的监护权发生转移，孩子脱离了原监护人的监护，学校实际承担了监护职责；依照《民法通则》司法解释第一百六十条的规定，“本案中，伤害行为的发生虽属偶然，但与学校未充分、尽职尽责的管理有直接关系，老师虽无故意，或难以发现，或事实上管不过来，但学校并不能因此而免责”，故“二审判决是正确的。”

另一种意见是：依据《民法通则》及其司法解释，以及《教育法》、《未成年人保护法》等法律文件，法律并没有把学校列为在校未成年学生监护人的任何规定，也没有关于监护权和监护责任自动转移的内容，所以认定学生家长的监护权和监护责任由于学生的入校读书而自动转移给学校的论点没有法律依据。在学校这种特殊的集体生活环境中，总不免发生学生中吵嘴、打架和意外事故，造成损害后果。对于在学校内发生的损害赔偿也应该和在其他场所发生的事件一样，适用《民法通则》所规定的过错责任原则和无过错责任规定。除了符合无过错责任规则的情形外，一般必须查明学校确在造成损害后果上有管理教育的某些过错事实，才应该责令学校承担其相应的赔偿责任。如果完全是学生之间或其本人造成的损害，而学校在管理和教育工作上又无法预见和防止，就不能离开《民法通则》的规定把赔偿责任无根据地强加在学校头上。所以案例中要求学校对一个学生在跑步玩耍中不慎跌倒致伤他人的意外事件，承担管理教育不善的责任和赔偿绝大部分损失是没有道理的。

试结合本案例，说说学习法学、增强依法治教的意识的重要意义。

参考答案

一、语词解释

1. 研究人类社会生产、交换、分配、消费等各种经济活动和各种相应的经济关系，揭示其运行、发展规律的科学。

2. 对社会进行具有某种综合性质的研究，力求运用科学方法揭示出自己所研究的对象的特殊规律性的科学。

3. 又称法律学，是研究“法”这一特定社会现象，揭示其发展规律的科学。

4. 马克思著，从1867年开始出版。马克思主义经济学说中具有里程碑意义的主要著作。

5. 经济停滞和通货膨胀并发的现象。

二、填空题

1. 资本主义的经济学　马克思主义的经济学

2. 实证　规范　应该怎样

3. 经济自由主义　国家干预主义

4. 发展　灭亡　剩余价值

5. 迪尔凯姆　实证主义　韦伯　理解

6. 处于运动过程中的有机整体　方法论基础

7. 历史法学　部门法学　法理学　制定　解释

8. 社会法　新分析实证主义　新自然法

9. 解放和发展生产力

10. 建设社会主义法治国家　重人治不重法治　西方资本主义国家

三、选择题

1. B　2. B　3. A　4. D　5. A　6. D　7. C　8. A　9. B　10. B

四、简答题

1. 一是经济学的研究对象“经济”在人类全部社会活动和社会关系中，具有决定性的作用，经济学研究受到全社会重视。二是20世纪世界和中国经济发展速度之快，接受挑战之大，前所未有，为经济学迅速发展提供了历史的机遇。三是经济学从18世纪起就成为一门独立的科学，19世纪中后期马克思主义经济学诞生，20世纪经济学发展有深厚的理论基础。四是20世纪世界人文社会科学进入了整体性的拓展阶段，为对经济现象进行多学科综合研究创造了好条件。五是经济学思潮流派繁多，推进了学科内部的新陈代谢。

2. 主要是：原先界线划得很清的宏观经济学和微观经济学两个部分，加强了对话和沟通；出现了打破“纯经济分析”框框的呼声；承认西方经济学还很不完善，要走的路还很长；“知识经济”的出现，呼唤新理论；经济的全球化趋势，使国际经济学地位日见重要。

3. 邓小平经济理论的主干是社会主义市场经济理论。基本思想是：在社会主义条件下，通过改革开放建立新的经济体制，达到解放和发展社会生产力的目的。这一理论的创立不但突破了传统的计划经济理论，而且突破了传统的市场经济理论。

4. 一是研究重心转向现实问题的诊断，研究方法转向综合比较。二是跨学科交叉研究迅速发展，研究对象复杂化，研究方法复合化。三是研究对象沿着时间和空间两个方面拓展，未来社会学和世界社会学的出现为其标志，大规模综合比较研究方法逐步走向成熟。

5. 当代西方法学的综合化趋势，是在分别强调法律的事实、法律的形式、法律的价值的三大流派理论得到了充分发展的基础上出现的。所谓综合化，就是确认法律的制定和实施受到社会多种因素的制约，法学应当对法律的事实、形式、价值进行综合考察研究。从总体来看，这一趋势是比较合理的。但是在当代西方社会历史条件的制约下，建立“统一法学”难以实现。

五、论述题

1. 答案要点：经济学、社会学、法学是社会科学中具有典型意义的主干学科。它们的研究对象，都是具有典型意义的重要的社会现象，都是人的特定社会活动和社会关系；在研究方法上，三门学科多种研究方法逐步走向综合互补；在思潮流派发展演变方面，各种重要的思潮流派都是从不同的角度、层面，对社会需求和时代课题作出的应答，同时也反映了社会科学自身发展的需要；在社会功能上，三门学科都以不断创新的科学理论成果对社会生活产生了建设性的影响，也对人文社会科学乃至大科学体系的健康发展作出了贡献。

（回答此题可参看“重点辅导”第一部分）

2. 答案要点：可以归纳为一个理论源头，两大理论体系，两条发展主线。理论源头是英国的古典经济学。两大理论体系，一是现代资本主义经济学体系，一是马克思主义经济学体系。两条发展主线：西方经济学为新古典经济学——凯恩斯主义经济学——后凯恩斯主义和新自由主义经济学并存；马克思主义经济学为马克思主义经济学——列宁主义经济学——在实践中发展的社会主义经济学（在中国，毛泽东经济理论——邓小平经济理论）。

（回答此题可参看“重点辅导”第二部分有关内容）

3. 回答提示：此题提供的案例，对于小学教育工作者具有较普遍的现实意义。对同一个案子，出现不同的裁决，焦点在于未成年人学生的监护权是否由家长自然转移给学校，学校是否承担在校未成年学生的监护责任。有专家指出，这个问题直接影响我国教育事业的发展。这就涉及是否全面掌握了相关法律文件，是否准确无误地理解和解释了法律的规定，甚至涉及有关法律条款和司法解释是否精密周全，同应用法学相关。“有法”是执法的前提，学法懂法是依法治教的前提。教育工作者学一点法学基础知识，熟悉与教育工作相关的法律文件，对于依法治教，是十分必要而重要的。

回答此题无须就事论事，主要谈学习法学与教育工作的关系。可参看第十章“教育法学”部分。有兴趣者，可查阅相关法律文件和法学著作，关注本案所涉及的“焦点问题”讨论的进展。

DI BA ZHANG

第八章

人文社会科学的发展趋势

学习目标与要求

第八章是第二编的最后一章，在前面四章先后讨论 20 世纪人文社会科学的发展概貌、分学科群介绍 20 世纪人文社会科学九门主干学科发展轨迹的基础上，综合概括当代人文社会科学的发展趋势。教材指出，这里所说的"当代"，是以 20 世纪末为起始点的一个时间概念。学习第八章，要全面掌握当代人文社会科学发展的主要动向。学习第八章的具体要求是：

1. 了解当代人文社会科学面临的挑战和机遇。

2. 理解当代人文社会科学发展中东西方文化在碰撞中互补的趋势、科学主义与人文主义交融的趋势、分析综合走向系统化的趋势。

3. 理解当代人文社会科学注重应用研究的趋势、研究手段高技术化的趋势。

知识结构

第八章共分两小节。第一节从当代社会新的特点、挑战和机遇并存两方面，阐述当代人文社会科学发展的全球背景。第二节从理论和实践的结合上具体阐释当代人文社会科学发展的五大趋势。第二节，特别是第二节阐释的前三大趋势，是本章的重点所在。

一、当代人文社会科学面临的挑战和机遇

（一）当代社会的新的特点

1. 在和平与发展的主旋律之下社会矛盾、社会问题纷繁复杂。和平与发展成为当代国际社会的两大主题。然而，当今世界的社会矛盾极为复杂。新的世界大战一时打不起来，局部战争却从未停止。地区性的民族矛盾从某种意义上说显得更为突出。特别值得注意的是，发达资本主义国家之间的矛盾、发达国家与发展中国家之间的矛盾、社会主义和资本主义两种制度之间的矛盾等呈犬牙交错之状。在和平与发展的主旋律之下，全球性的社会问题也呈现出相当的复杂性；这些问题的尖锐程度和深刻程度，不是以往任何一个时代所能比拟的。

2. 新产业革命的兴起引发世界各国间的更为激烈的竞争。新产业革命处于领先地位的国家利用自己的科技优势，抢占市场，扩大自己在世界上的影响。这种竞争，既是科学技术的竞争，又是综合国力的竞争。竞争的结果，是科学技术水平高的国家发展更快，南北差距越来越大。

3. 信息传播手段的改进促进了世界范围的对话和交流。当今的人们处于信息时代。信息传播的迅速，人们之间时空距离的缩短，其结果是使小国寡民心态及思维方式受到猛烈冲击，使更多的人们得以摆脱自我封闭的状态。在这样一个时代，人们的开放意识将有所增强。个人与他人、个人与周围世界之间的对话与交流将变得越来越方便。

（二）挑战和机遇并存

1. 当代人文社会科学所面临的挑战。一是迅速发展、日趋复杂的社会实践使当代人文社会科学研究呈现较严重的滞后现象。在世界范围内，这种滞后主要表现在某些理论无法解释新出现的社会

问题。在中国，邓小平理论适时回答了中国社会主义的现实问题并对实践发挥了重大指导作用，要求人文社会科学随之调整和发展。理论滞后意味着理论受到了实践的挑战，从实践对理论的要求来看，滞后现象决不允许长久持续。二是分支学科激增使当代人文社会科学的内部综合面临挑战。三是世界各国对人文社会科学重视程度不一，为人文社会科学研究带来困难。

2. 当代人文社会科学发展存在着机遇。机遇与挑战往往相互对应、相互依存，构成同一事物的两个方面。一是当今世界复杂的社会生活内容和社会矛盾为人文社会科学的发展提供了肥沃的土壤。二是多学科的齐头并进为当代人文社会科学的发展提供了多重视角。三是国际国内的外部环境变化为当代人文社会科学的发展创造了良好的条件。

二、当代人文社会科学发展的趋势

（一）东西方文化在碰撞中互补的趋势

1. 研究东西方文化的关系问题，既是促进当代人文社会科学发展的需要，又是人文社会科学内容的一个组成部分。从以往的情况看，东西方文化的关系大致呈现为如下几种状况：一是过于强调两者的对立和排斥，二是过于强调两者的会通和相融，三是确认东西方文化在碰撞中互补。为什么是“在碰撞中互补”呢？各有所长的东西方文化互相接触、碰撞才能产生互补效应；互补效应表现在：一方面两种文化互通有无、取长补短，另一方面两种文化互相参照、相反相成。

2. 东西方文化互补作为当代人文社会科学的发展趋势，日益明显。

第一，在互补过程中，东方文化的地位将逐步提高，它对西方文化影响力将明显增强。近、现代以来，两种文化在互补中的作用力是不平衡的。当今情况有所改观。随着东西方文化事业的发展和东西方文化交流的扩大，世界范围内的开发和发掘东方文化特别是中国传统文化的热潮已经兴起。

第二，西方文化对东方的影响，将在更广阔的范围内和更大的程度上得到体现。随着西方文化对东方文化影响力的增大，东西方文化之间的冲突程度将会加剧。一方面，面对西方优秀文化的涌入，东方文化中的糟粕部分将会与之相对峙、相抵触。而面对西方文化中糟粕部分的冲击，东方传统文化中的精华部分则对此形成了抵御之势。上述两种冲突将是长期存在的，必须时时保持清醒的头脑。

第三，未来东西方文化的互补将既是两者之间的全面互补，又是全世界范围内的整体互补。全面互补包括自然科学和工程技术，也包括人文社会科学方面的交流和互补；整体互补，是指在东西方文化互补过程中，两者各自从世界上一切国家、民族的优秀文化中汲取营养。

（二）科学主义与人文主义交融的趋势

1. 科学主义与人文主义交融的意义。科学主义实际上也就是唯科学主义。人文主义是这样一种思想态度，它认为人和人的价值具有首要的意义。人们所持有的科学主义或者人文主义态度，以及科学主义与人文主义的冲突或者交融的情况，深刻地影响人文社会科学发展进程。长期存在的人文主义与科学主义的对立，既不利于人文主义的发展，也不利于自然科学的发展。实际上，一旦背离科学，人文主义就会走向危险的境地。而否认以至排斥人文社会科学对自然科学的积极作用，既不合乎事实，又是极不明智的。

2. 当前，人文主义和科学主义开始出现融合的趋势。主要表现在：

第一，在自然科学领域出现了新人文主义。有学者倡导在科学研究中注入一种人文精神。这样一种科学，是人性化了的、可以给世界上绝大多数人带来利益的科学。新人文主义体现了科学主义与人文主义的结合，表明自然科学工作者对于人文主义的认可和重视。

第二，人文主义者的新的姿态。首先，传统的人文主义开始重新接纳科学，并努力利用科学研究的成果，拓宽人文社会科学研究的领域，深化理性认识。其次，努力将人道主义精神渗透到自然科学研究领域。最后，当代人道主义强调对群体的长远利益的关注。

第三，人文主义和科学主义趋于融合，意味着融合中有不融合，在不融合中又有融合；在当前和今后，融合将成为主要的趋向。

3. 人文主义和科学主义趋于融合的深刻背景。一是全球问题尖锐化，从客观上要求人文主义者和科学主义者打破各据一方、画地为牢的格局。二是科学的自身发展有着融合的内在要求，科学各部类各学科壁垒森严、井水不犯河水的年代已成过去。

（三）分析综合走向系统化的趋势

1. 作为思维方法的分析与综合，是受人类自身认识水平以及科学技术的演进过程制约的。马克思主义的思维实践证明，对于事物的认识，要在分析—综合—再分析—再综合的过程中才能完成。

2. 当今时代，科学研究的思维方法由分析、综合转变成系统分析与系统综合，已成明显的趋势。系统分析与系统综合，就是运用系统的观点对事物进行分析和综合，它是哲学原理与数学方法、逻辑方法互相渗透、互相结合的方法，从根本上说，是辩证法普遍联系原则的具体化。

分析与综合的系统化趋势，具体表现在以下几方面：

第一，在跨学科的研究和学科大跨度的延伸中，现代科学技术显示了系统分析和系统综合的整体风格和一体化特征。现代科学发展的突出特点，就是在高度分化、广泛渗透的基础上整体综合化和全面社会化。系统综合时代的科学必然是“大科学”；系统综合时代的学科战略必然是“学科大战略”。“大科学格局”和“学科大系统”的直接结果之一，是使人文社会科学发展进一步出现学科交叉和跨学科研究之势。有学者将跨学科区分为线性跨学科、结构性跨学科、约束性跨学科三种类型。

第二，宏观和微观两个层面上的系统分析和系统综合同时并进。人类的视野向宏观世界拓展，在这过程中兴起了以全球性的人类共同问题为研究对象的全球学。在注重宏观层次的系统分析和系统综合的同时，人文社会科学对微观层次的系统分析和系统综合也在顺利进展：主要包括对人脑的微观机制的研究和对社会方面的微观研究。宏观和微观的结合，使人文社会科学在多维视角的观照下得到更快发展。

第三，人文社会科学研究趋于系统化。随着科学技术的发展，“大系统理论”应运而生。在今天和今后，社会大系统和学科大系统的进一步发展，自然系统、社会系统、思维系统和人工系统相结合，更多地以复合系统的形式出现，在更大的规模上、更多地领域中，体现现代科学的整体性、全面性和复杂性。人文社会科学迈向系统化的更高层次。

（四）注重应用研究的趋势

1. 当代人文社会科学呈现注重应用化的趋向，有其必然性。第一，当代社会的发展对人文社会科学提出了应用化的要求。第二，注重应用化的推动力也来自人文社会科学自身。第三，世界各国都鼓励人文社会科学向应用化的方向发展。

2. 人文社会科学加强应用研究的趋势，主要表现在以下几个方面：

第一，人文社会科学更多地直接参与社会管理。最为突出的例子是管理科学。人文社会科学中的非新兴型学科，也大都以参与社会管理，解决各种社会问题为己任。

第二，人文社会科学满怀热情关注社会热点问题。热点问题是一个时期中社会矛盾的焦点，社会公众的兴奋点。近年来，人文社会科学工作者近距离地跟踪社会现实问题，并努力进行同步性的思考。

第三，人文社会科学更多地发挥了智囊和思想库的作用。当代人文社会科学注重社会预测，包括长期的整体性预测、局部范围的短期预测，充分发挥了思想库的作用。当代人文社会科学在注重应用化的过程中，充分发挥了咨询的作用，促进了软科学的发展。软科学是现代自然科学、人文社会科学和工程技术交叉发展而逐渐形成的一组具有高度综合性的新兴学科群。

第四，应用研究是由高水平的基础研究支撑起来的。

（五）研究手段高技术化的趋势

高技术的主要特征是高效益、高智力、高投入、高竞争、高风险、高潜能。作为高科技的前导，信息技术对人文社会科学影响尤为巨大。今天，人文社会科学研究的高技术化趋势已经越来越明显。

一是信息摄取中的高新技术化。

二是信息处理中的高新技术化。

三是研究方法的高新技术化：运用数学方法进行研究工作，使计算机更多地渗透到研究过程之中，已经成为当今人文社会科学研究的一种时尚。

重 点 辅 导

第八章的重点为：当代人文社会科学发展的趋势。特别要重点理解当代人文社会科学发展中东西方文化在碰撞中互补的趋势，科学主义与人文主义交融的趋势，分析综合走向系统化的趋势。首先要注意，第八章和第四章都是总揽人文社会科学发展全局的重要篇章，空间上既讲世界又讲中国，时间上第四章的终点是第八章的起点，主题和一些重要概念内涵的深度和广度第八章高于第四章。就整部教材而言，第一章、第四章、第八章是最重要的。

一、关于当代人文社会科学发展的五大趋势的内在联系

（一）从总体上把握五大趋势的主要内容和基本精神

教材所概括的五大趋势可以简称为一个“互补”、一个“交融”、三个“化”。五大趋势依次分别讨论了当代人文社会科学发展的总体文化背景，主导价值取向，主要思维方式，社会实践功能，最后是具体研究方法和研究手段。它们既是对20世纪人文社会科学发展经验的总结，更是立足于20世纪末叶对未来人文社会科学发展走向的预测。总结是对实证材料的归纳，本身带实证性，每一种趋势的概括都包含着丰富的典型案例；预测建立在总结的基础上，用的是理解、解释、“规范”的方法，回答“可能怎么样”、“应当是怎样”等问题，每一种趋势的阐述都有较强的理论性和导向性。

（二）理解教材阐释五大趋势的系统科学思想

教材反复强调，从根本上说，系统科学思想是辩证唯物主义的基本原理的具体化。第八章在讨论当代人文社会科学发展趋势的过程中，采用了“大文化”、“大科学”等“大系统”概念，把人文社会科学作为大系统的子系统进行考察；又把人文社会科学的内部结构作为一个开放的动态的复杂的巨系统进行考察。为什么阐释每一个趋势时总是同大文化、大科学相联系，为什么五个趋势分别处在一个特定的层面并按照层次高低的逻辑顺序进行排列，都可以从系统科学思想这个方面找到答案。应当说，这正反映了客观事物之间的内在联系，也就是反映了人文社会科学发展的规律性。

（三）理解教材阐释五大趋势的基本立足点

这个基本立足点，就是中国当代人文社会科学发展的紧迫需求。整本教材，用了大量的篇幅介绍世界人文社会科学发展的现

状，目的在于普及人文社会科学的知识，促进中国人文社会科学的发展；这个目的，这个态度，第八章表现得特别鲜明。学习者从这个角度阅读第八章，更能体会教材为什么着重讨论这样五个发展趋势，更能体会中外人文社会科学发展趋势之间的内在联系。

二、关于东西方文化在碰撞中互补的趋势

（一）了解“东西方文化”概念的内涵

这里的文化概念，是“大文化”的概念。教材指出，西方文化是一个庞杂的体系。西方文化中的精华部分，或者与先进的生产力相联系，以科学技术的成果的形式出现；或者反映了人文社会科学所达到的较高水平，等等。西方文化中的糟粕部分，包括人文社会科学的某些研究成果带有政治偏见，人们的精神世界往往有着较为空虚的一面，存在着消极的人生观和价值观，等等。可见这里用的是“大文化”的概念。“东西方文化”从地域文化和民族文化的角度，将“世界文化”一分为二。

（二）了解东西方文化的关系问题与人文社会科学发展的重要关联

人文社会科学是文化的有机组成部分，文化是人文社会科学的母体；东西方文化的关系，涉及人文社会科学发展的文化基础、文化背景、文化发展方向。所以教材指出，东西方文化的关系处理得比较好的时期，往往也就是人文社会科学发展得比较快和比较正常的时期；反之亦然。教材又指出，研究东西方文化的关系这个世界性、跨世纪的问题，既是促进当代人文社会科学发展的需要，又是人文社会科学内容的一个组成部分。

（三）理解“在碰撞中互补”这一提法的针对性

一是针对过于强调东西方文化的对立和排斥的倾向，例如中原皇朝中心的意识、国家闭关自守的意识，或者欧美中心的意识、贬

低和排斥东方文化的倾向；二是针对过于强调两者的会通和相融的倾向，例如“全盘西化”的倾向。“在碰撞中互补”是东西方文化通过必要的冲突取长补短、相辅相成的趋势。

（四）全面掌握东西方文化互补的三种具体走向并注意保持清醒的头脑

教材对当今时代东西方文化互补作为人文社会科学发展趋势的三方面具体表现，一一作了分析；这是重点部分，要求全面掌握。立足于中国人文社会科学发展的现实需求，教材充分肯定了引进西方的进步文化或者优性文化的重要意义，同时强调须对腐朽没落的西方劣性文化涌入中国以后产生的腐蚀作用保持警惕。当今中国，必须坚持改革开放，也要注意克服对西方文化盲目崇拜、食而不化等偏向，坚决抵制殖民文化：这是一个摆在人文社会科学面前的严峻课题。

三、关于科学主义与人文主义交融的趋势

（一）进一步了解“科学主义”与“人文主义”概念的内涵

我们已经在教材中多次接触科学主义与人文主义这两个概念，体会到它们都有广狭二义，而且，在不同的历史阶段、不同的学科、不同的层次、不同的语言环境中，它们的内涵和用法也有许多不同。第八章突出了科学主义的实质是“科学万能”，人文主义的内核是极度崇尚人的地位和人的价值；围绕科学价值取向这个中心，把科学主义和人文主义通俗而宽泛地界定为特定的思想态度。这样的阐释，有利于统摄整部教材关于科学主义和人文主义概念的多角度理解和多层次运用，有利于在科学价值取向这个领域内探讨当代人文社会科学发展的大趋势。

（二）了解科学主义人文主义关系问题同人文社会科学发展的重要关联

从历史上看，相当一部分科学主义者把推崇科学发展成科学崇

拜，相当一部分人文主义者则采取反科学、反理性的态度。这种势不两立的状况，严重地阻碍了人文社会科学和自然科学的发展。仅从 20 世纪人文社会科学发展轨迹来看，两者的对立，几乎覆盖了所有的人文社会科学主干学科；他们在科学价值取向上的对立，影响了许多学科在研究目的、研究对象、研究方法等方面的科学选择，影响了研究成果的科学性和合理性。这种科学主义与人文主义截然对立的状况，逐步有所缓解。许多人文社会学科之所以取得具有突破性的成果，不论研究者是否意识到，实际上都是同科学主义与人文主义的观念态度和思路方法，在不同层面上有所沟通和融合密切相关的。第八章指出，当今时代前沿课题，如人与自然的关系问题，物质富有和精神贫乏的反差问题，现代科学技术发展所带来的负面效应问题，同时困扰着科学主义者和人文主义者，从客观上要求两者的合作；而科学的自身发展也迫切要求自然科学和人文社会科学交叉融合。科学主义与人文主义趋于融合，对于人文社会科学的未来发展意义重大。

（三）全面理解科学主义与人文主义相交融的趋势的主要表现

首先，出现了科学主义与人文主义的“相向运动”，自然科学领域出现“新人文主义”，人文主义者采取了新姿态。其次，科学主义与人文主义的矛盾将长期存在，融合的趋势是在矛盾双方对立统一的过程中展现、推进的。

四、关于分析综合走向系统化的趋势

（一）从思维方式的角度理解相关概念

第四章阐述 20 世纪人文社会科学发展轨迹，是从科学和学科的发展形态这个角度讨论分化、综合等概念的。第八章深入一步，从思维方式发展的角度，揭示科学和学科发展综合化的动因，揭示分析综合走向系统化这一趋势的重要性和必然性。第八章指出，分析、综合是人类最基本的思维方法，两者相互对立又相互联系，相互依存又相互转化。当今时代科学研究的思维方法，要求把客观世界的联系转化为多层次、多方位、多因素、多变量的动态联系整体，揭示出联系在事实、存在、运动和发展中的作用：这就是分析综合的系统化。正是这种系统分析和系统综合相统一的思维方式，在深层次上推进着科学的综合化进程。也正是在这种思维方式的作用之下，出现了“大科学”、“学科大系统”等概念——教材对这些概念都给出了明确的界定，学习者应当了解。

（二）理解“分析综合走向系统化”趋势的主要表现

第八章从三个方面进行概括，内容丰富，展示了未来人文社会科学发展的广阔前景。学习者宜特别注意第八章最后所介绍的“大系统理论”和“大系统方法”，这种思维方式将把大科学引入新的境界。

难 点 提 示

第八章的难点部分和重点部分是相重叠的，学习者可以借助“重点辅导”理解难点部分。此外须注意的是：

1. 第八章是第四章的延续和提升。例如“当代人文社会科学面临的挑战和机遇”，就是第四章相关部分的续篇；而当代人文社会科学发展的趋势，则是对第四章相关部分的全面、综合的提升。特别是第八章所使用的概念的内涵，往往更加具有宽泛性、前瞻性，学习者要结合具体的语言环境进行理解。

2. 这一章出现的新的名词术语相当多，只要求着重领会本指导书涉及的核心概念和其他重要概念，一般性的专业名词术语结合上下文了解其大意即可。

3. 当代人文社会科学五大趋势中的后两种趋势，分别提及“软科学”和“高新技术”；同时，全章反复运用系统科学的有关术语。这些是当前报纸杂志上出现频率很高的概念，宜参照第八章的阐释作一般性掌握。

学习建议

1. 要充分认识第八章的学习在第二编乃至全书学习中的特殊重要地位。在一定意义上，理清第一章、第四章、第八章的基本思路和主要观念，就抓住了这本教材的总纲。

2. 第八章的理论性较强。学习者须联系前七章中的有关例证，从理论与实际的结合上领会本章的主要论点。

3. 特别注意梳理和了解本章的理论框架，一般说来，不必去推敲与本章要点关系不大的细节问题。

4. 有兴趣的学习者，可初步思考当代教育科学研究的发展大趋势。

自测题

一、语词解释

1. 科学主义
2. 人文主义
3. 软科学
4. 大科学
5. 复合系统

二、填空题

1. 新产业革命的兴起引发世界各国间的更为激烈的竞争。这种竞争，既是__________的竞争，又是__________的竞争。

2. 迅速发展的社会实践使当代人文社会科学研究呈现较为严重的滞后现象。在世界范围内，这种滞后主要表现在某些理论__________。理论滞后意味着理论受到了__________的挑战。

3. 未来东西方文化互补将既是两者之间的__________，又是全世界范围内的整体互补。整体互补是指两者各自从世界上一切国家、民族的____________中汲取营养。

4. 人文主义和科学主义趋于综合具有深刻背景：一是全球问题尖锐化所产生的客观需求，二是____________有着融合的内在要求。

5. 系统分析与系统综合，就是运用____________对事物进行分析和综合。

6. 现代科学发展的突出特点，就是在高度分化、广泛渗透的基础上____________和____________。

7. 社会热点问题是一个时期中社会矛盾的____________，社会公众的____________。

8. 当代人文社会科学注重社会预测，包括长期的____________预测，____________的短期预测。

9. 一般认为，高技术的主要特征是高效益、____________、高投入、高竞争、____________、高潜能。

10. 作为研究手段高技术化的标志之一，运用________方法进行研究工作，使________更多地渗透到研究过程之中，已经成为当今人文社会科学研究的一种时尚。

三、选择题

1. 世界第一次产业革命发生在(　　)

A. 英国　　B. 法国　　C. 德国　　D. 美国

2. 一般认为，首次提出“地球村”概念的是一位(　　)

A. 政治学家　　B. 经济学家

C. 传播学家　　D. 社会学家

3. 世界范围内开发和发掘东方文化特别是中国传统文化的热潮的兴起，主要是当代人文社会科学以下发展趋势的具体表现(　　)

A. 分析综合走向系统化的趋势

B. 东西方文化在碰撞中互补的趋势

C. 注重应用研究的趋势

D. 研究手段高技术化的趋势

4. 有的学者倡导在科学研究中注入一种人文精神。这是当代人文社会科学以下发展趋势的突出表现(　　)

A. 科学主义与人文主义交融的趋势

B. 分析综合走向系统化的趋势

C. 注重应用研究的趋势

D. 研究手段高技术化的趋势

5. “大系统理论”的产生，主要是当代人文社会科学以下发展趋势的具体表现(　　)

A. 东西方文化在碰撞中互补的趋势

B. 科学主义与人文主义交融的趋势

C. 分析综合走向系统化的趋势

D. 研究手段高技术化的趋势

6. 更多地发挥智囊和思想库的作用，是当代人文社会科学以下发展趋势的突出表现(　　)

A. 研究手段高技术化的趋势

B. 注重应用研究的趋势

C. 东西方文化在碰撞中互补的趋势

D. 科学主义与人文主义交融的趋势

7. 对当代人文社会科学影响尤为巨大的高新技术是(　　)

A. 生物工程　　B. 信息技术

C. 新材料技术　　D. 新能源技术

8. “中原皇朝中心”意识和“欧美中心”意识是东西方文化关系以下状况的突出表现(　　)

A. 历史上两者的对立和排斥

B. 现实中两者的会通和相融

C. 主张东西方文化在碰撞中互补

D. 标志着东西方文化永远无法互补

9. 认为天文学诞生于迷信、几何学诞生于贪婪、物理学诞生于虚荣的好奇心的著名人文主义者是(　　)

A. 欧文　　B. 圣西门　　C. 赫尔姆霍兹　D. 卢梭

10. 跨学科研究产生的人文社会科学新学科有多种结构形态。广告学属于(　　)

A. 线性跨学科　　B. 结构性跨学科

C. 约束性跨学科　　D. 高层次综合性跨学科

四、简答题

1. 当代人文社会科学面临哪些挑战?

2. 在自然科学领域出现的“新人文主义”的内涵和意义是什么?

3. 当代人文社会科学研究中分析与综合的系统化趋势具体表现在哪些方面?

4. 当代人文社会科学注重应用研究的趋势主要表现在哪些方面?

5. 当代人文社会科学研究手段的高技术化趋势主要有哪些表现?

五、论述题

1. 说说你对当代人文社会科学发展五大趋势的内在联系的认识。

2. 概述东西方文化关系问题、科学主义人文主义关系问题同人文社会科学发展的重要关联。

3. 阅读以下资料摘编，联系资料所涉及的“中华文明史是五千年还是一万年”这个课题的形成和初步进展，说说当代人文社会科学发展的大趋势。

——“中华文明五千年”这一沿用了近百年的说法，是依据司马迁《史记》以黄帝为古史开端的旧说推演出来的。100 年前，中国的考古工作还未起步，用碳十四测定古物年代的方法尚未发明，西方学者对于中国古史的说法尚未传入中国。当代有学者认为，这一判断形成了中华文明发源的一元论，并把我国的文明发展史与民族形成史抹掉了。

——西方学者的看法是：20 世纪初期，认为中华文明来自古巴比伦，全长四千余年。20 世纪中期，依据西方学者的标准（必须同时具有系统的文字、青铜器、城市、神庙），认为中华文明全长只有3400年。20世纪晚期，西方学者面对70年代以来中国考古工作的巨大进展，宣称这一大批新材料一再改变他们对中华古史的看法，可能还需要10年功夫，才能对所有的新发现进行有价值的综合。

——1991年中国考古学会理事长苏秉琦教授发表谈话，认为时至今日，重建中国古史的条件已经基本成熟；可把其框架概括为“超百万年的文化根系，上万年的文明启步，五千年的古国，两千年的中华一统实体”。1997年，海峡两岸史学家合撰中华民族史第四次学术研讨会提出了“中华文明史可追溯到万年前”的论点。1999年，史学家史式著文阐释，大约在一万年前，中华民族的先民逐渐转入农耕生活，开始定居，进入母系社会。一万年是文明史，是中华文明从开始到逐渐形成的历史；五千年是国家史，是从许多方国逐渐合并成为统一的封建国家的历史。以前西方学者说中国的水稻栽培技术来自印度，因为印度考古发现在7000年前已有人工栽培稻谷；但是不久之前，湖南澧县彭头山古文化遗址中出现了距今9000年的人工栽培稻谷。以前总认为中华文明完全产生于黄河腹地，中华民族来自黄土高坡，但是通过对7000年前河姆渡古文化遗址的发掘，了解到我们的先民已以轻舟出海，是世界上最早出现的海洋民族，现代遗传学家也通过对DNA的分析，为此提供了旁证；学术界正在重新探讨中华文明发源于东南发展于西北的说法。以前文艺界认为中国上古时代缺少神话与史诗，现在发现保存在民间，停留在少数民族特别是南方少数民族口头上的神话与史诗十分丰富。以前只知道中国古代有几项重要的发明，现在的考古发现说明，全人类200项最重要的发明创造，追本穷源，一半以上都是中华文明的产物……

（以上资料采自史式《五千年还是一万年》，见《团结报》1999年6月10日）

参考答案

一、语词解释

1. 就是唯科学主义，一种认为科学万能的思想态度。

2. 一种极度强调人和人的价值的思想态度，与科学主义相对立。

3. 现代自然科学、人文社会科学和工程技术交叉发展而逐渐形成的一种具有高度综合性新兴学科群。

4. 自然科学和人文社会科学两大部类相互渗透而形成的科学体系。

5. 自然系统、社会系统、思维系统和人工系统相结合而形成的复杂有序的大系统。

二、填空题

1. 科学技术　综合国力

2. 无法解释新出现的社会问题　实践

3. 全面互补　优秀文化

4. 科学的自身发展

5. 系统的观点

6. 整体综合化　全面社会化

7. 焦点　兴奋点

8. 整体性　局部范围

9. 高智力　高风险

10. 数学　计算机

三、选择题

1. A　2. C　3. B　4. A　5. C　6. B　7. B　8. A　9. D　10. C

四、简答题

1. 一是迅速发展、日趋复杂的社会实践不允许当代人文社会科学研究存在的滞后现象长久持续；二是分支学科激增，使当代人文社会科学的内部综合面临挑战；三是世界各国对人文社会科学重视程度不一，给面向全球的人文社会科学研究带来困难。

2. 内涵：倡导在科学研究中注入一种人文精神。这样一种科学，是人性化、可以给世界上绝大多数人带来利益的科学。意义：体现了科学主义与人文主义的结合，表明自然科学工作者对于人文主义的合理部分的认可和重视。

3. 一是在跨学科的研究和学科大跨度的延伸中，现代科学技术显示了系统分析和系统综合的整体风格和一体化特征。二是宏观和微观两个层面上的系统分析和系统综合同时并进，使人文社会科学在多维视角的观照下得到更快发展。三是人文社会科学研究趋于系统化。

4. 人文社会科学更多地直接参与社会管理；满腔热情关注社会热点问题；更多地发挥智囊和思想库的作用；更多地得到高水平的基础研究的支撑。

5. 分别突出地表现为信息摄取中的高新技术化、信息处理中的高新技术化、研究方法的高新技术化。

五、论述题

1. 答案要点：首先，教材所概括的五大趋势是一个有机整体，依次分别讨论了当代人文社会科学发展的总体文化背景，主导价值取向，主要思维方式，社会实践功能，以及具体研究方法和研究手段；它们既是对20世纪人文社会科学发展经验的总结，更是立足于20世纪末叶对未来人文社会科学发展走向的预测。其次，五大趋势分别处在一个“大系统”的特定的层面，并按照层次高低的逻辑顺序进行排列，比较客观地反映出它们之间的深刻联系。再次，五大趋势的概括，无例外地反映了中国当代人文社会科学发展的紧迫需求。

(回答此题可参考“重点辅导”第一部分)

2. 答案要点：东西方文化的关系问题与人文社会科学发展的重要关联表现为：第一，文化是人文社会科学的母体，东西方文化的关系，涉及人文社会科学发展的文化基础、文化背景、文化发展方向；东西方文化关系的处理状况，直接影响人文社会科学的发展状况。第二，研究东西方文化关系这个世界性、跨世纪的问题，既是促进当代人文社会科学发展的需要，又是人文社会科学内容的一个组成部分。

科学主义人文主义关系问题同人文社会科学发展的重要关联表现为：第一，从人文社会科学发展史看，科学主义人文主义两者在科学价值取向上的对立，影响了人文社会科学众多学科在研究目的、研究对象、研究方法等方面的科学选择，影响了研究成果的科学性和合理性；许多人文社会科学之所以取得具有突破性的成果，不论研究者是否意识到，实际上都是同科学主义与人文主义的观念态度和思路方法，在不同层面上有所沟通和融合密切相关的。第二，从当代人文社会科学发展的需求看，当今时代的前沿课题同时困扰着科学主义者和人文主义者，从客观上要求两者的合作；而科学的自身发展也迫切要求科学主义和人文主义、自然科学和人文社会科学交叉融合。

（回答此题可参考“重点辅导”第二、三两部分的相关内容）

3. 回答提示：讨论此题不必对正在探讨、争论中的“中华文明史是五千年还是一万年”这一重大学术问题进行直接的简单化的评论，而是要说明这个课题的形成和进展的过程，如何具体地反映了当代人文社会科学发展的五大趋势。例如，中国学者解放思想、实事求是、与时俱进的科学态度和立足本土、面向世界的精神风貌，西方学者观点的演变，反映了东西方文化在碰撞中互补的大趋势；“中华文明史是一万年”这一史学理论假说的初步形成和初步论证，反映了科学主义与人文主义的思想态度、思路方法逐步沟通和融合的大趋势；这一课题的探索，借重于多学科的协同研究，特别是历史学、人类学（含考古学、民俗学等）、文艺学、哲学，系统科学，以及自然科学的相关学科，反映了分析与综合的系统化趋势；这一课题吸引了许多学科学者的视线，反映了当代人文社会科学注重应用研究的趋势；这一课题所取得的阶段性成果，与高新技术的参与是分不开的，反映了即便是历史学这样的人文科学，其研究手段也在一定程度上反映了高技术化趋势。

第 三 编

人文社会科学与初等教育

学习目标与要求

第一编共分两章，第九章讨论人文社会科学与教育学学科建设，第十章讨论人文社会科学与初等教育的跨学科研究。这两章，分析人文社会科学与初等教育的关系，可以说是课程的落脚点。

学习的要求是：

△了解人文社会科学与教育学的学科建设的关系。

△理解综合运用人文社会科学的原理和方法研究初等教育的重要性。

△提高文理互渗、改革初等教育的自觉性。

△初步运用跨学科方法分析在实施素质教育过程中出现的某一具体问题。

DI JIU ZHANG 第九章

人文社会科学与教育学的学科建设

学习目标与要求

第三编的两章，回答人文社会科学同初等教育的改革和发展有怎样的重要关联这一问题。学习第九章，要从纵向和横向了解人文社会科学与教育学的学科建设的关系。学习第九章的具体要求是：

1. 了解人文社会科学与近代教育学形成的关系。
2. 了解 20 世纪人文社会科学与现代教育思潮形成的关系。
3. 了解人文社会科学与当代中国教育学发展的关系。
4. 梳理学习者在实施素质教育过程中遇到的问题。

知 识 结 构

教材指出，教育学是以人类教育活动为对象、以揭示教育发展一般规律为目标的人文社会科学主干学科之一；教育学的产生和发展，始终离不开人文社会科学的全面支撑。第九章的三个小节，分别讨论人文社会科学与近代教育学形成、现代教育思潮兴起、当代中国教育学发展的内在联系。第二节和第三节为学习重点。

一、人文社会科学与近代教育学的形成

（一）教育科学思想的萌生

1. 中国古代的教育思想，至春秋战国时期，随着以哲学思想为核心的诸子百家之说的产生和学校教育实践的发展，出现了繁盛气象。孔子学说和《学记》中所表述的与哲学、伦理、政治密切关联的教育思想，包含许多至今仍为世界所称道的科学成分。

2. 西方的教育思想，早先是作为一些大思想家的哲学和其他人文社会知识的有机组成部分而出现的。

（二）从人文社会科学母体中初步分离而出的教育学体系

1. 欧洲人文社会科学孕育出近代教育学的雏形。西方 16 世纪～18 世纪的哲学体系的革命，为 19 世纪初近代教育学体系基本形成开辟了道路。夸美纽斯《大教学论》是近代教育学的雏形。

2. 赫尔巴特于 1806 年出版的《普通教育学》，标志着建立在哲学、心理学基础上独立的教育学体系初步形成。19 世纪人文社会科学为教育学的发展开拓新思路。

（三）马克思主义的诞生为教育学的发展提供了科学指南

马克思主义的创立是人文社会科学的伟大变革。它不但为教育学及其相关学科的发展提供了科学的世界观和方法论，还为之确立了宏富的知识背景。唯物史观为正确处理教育与社会的关系提供科学依据；关于人的素质全面发展学说深化了对教育本质、目的、功能的认识；矛盾律等原理则对探索教育和教学活动规律具有指导意义。

二、20世纪人文社会科学与现代教育思潮

（一）20世纪初叶人文社会科学与世界性新教育思潮的兴起

19世纪与20世纪之交，直接为教育学提供理论支撑的哲学、心理学、社会学诸学科都有新的进展。美国学者杜威从多学科研究教育问题，进行教育实验，建立了实用主义教育思想体系。

（二）20世纪中期人文社会科学推动教育学建设的繁盛

二次大战前后人文社会科学取得重大突破，许多人文社会学科与教育学交叉融合，推动五六十年代世界教育学学科建设出现新高峰。教育观念、内容和方法现代化成为教育学探索的主要课题。

（三）20世纪后期人文社会科学开拓世界教育学新视野

20世纪晚期大科学观的构建，导致以终身教育为核心的现代大教育观的确立和发展，带来了教育学学科建设的一次跨世纪革命。

三、人文社会科学与中国教育学的当代发展

（一）人文社会科学全面推进中国教育学革故鼎新

20世纪80年代后，中国人文社会科学的发展，推动教育的基本理论研究在不少重大问题上取得突破性进展。

（二）人文社会科学关注当代中国教育学发展的关键课题

人文社会科学界首先关注当代中国教育学建设中比较普遍存在着理论脱离实践的问题；同时，支持教育科学基础理论的分类研究，为较高水平的学科系统综合创造条件；推动中国教育学在获得全球视野的同时强化本土意识；促进教育科学方法体系构建过程中实证方式与评价方式的协调、融合。

重点辅导

第九章的特点是从人文社会科学广角镜看人文社会科学的主干学科之一教育学在世界和中国的发展状况。第九章的重点则是人文社会科学与现代教育学发展的关系。特别要注意人文社会科学与当代中国教育学发展的关系。

一、关于20世纪人文社会科学与现代教育思潮的关系

（一）了解20世纪人文社会科学对现代教育思潮的三次重要推进

一次是世纪之初，哲学、心理学、社会学、管理学等直接参与教育学科建设，欧美形成“新教育运动”、“进步教育运动”，孕育了以儿童为主、以学习生活直接经验为主、以从活动中学习的方式为主的实用主义教育论。另一次是世纪中叶，人文社会科学取得了重大突破，系统科学成型，哲学、心理学、语言学、政治学、社会学、经济学等同教育学交互作用，世界教育发展的步子明显加大，教育观念、内容和方法的改革成为教育学研究的主旋律，大批一流学者专攻中小学教育内容现代化课题。第三次是世纪末叶，人文社会科学内部各学科，以及人文社会科学与自然科学的沟通与交融，在系统化的分析与综合中，逐步构建大科学，催生了现代大教育观。

（二）理解20世纪现代教育思潮的三个焦点

20世纪与人文社会科学发展大体同步的世界现代教育思潮三个高涨期，依次以改变学校教育重心、更新教育内容、筹建终身教育体系为焦点。特别值得重视的终身教育论，是国际性综合性的教育思潮，回答教育如何适应迅速变化的社会，如何适应人的终身发展需求；它的主要内容是：全程教育，全域教育，全民教育，全面

教育。几乎是由整个大科学体系支撑而形成和拓展的终身教育观，具有划时代意义。

二、关于人文社会科学与中国教育学的当代发展

（一）了解人文社会科学的当代成果对中国教育学的学科建设的整体带动效应

80 年代后中国教育学科建设紧随人文社会科学的步伐，在教育改革实践中迅速发展。围绕实施素质教育的中心课题，教育的基本理论研究在若干重大问题上取得突破性进展，如对教育本质、教育功能、教育中的科学主义与人文主义关系的研究，主体性教育思想的提出，对教学规律的探讨，以及有关中小学教育实践的理论与方法的研究等等；有关小学素质教育实验的跨学科探讨；如关于愉快教育、成功教育、和谐教育、情境教育、主体性教育的理论研究，成为初等教育研究中最为活跃的领域，并成为素质教育理论乃至现代教育原理的生长点之一。

（二）理解人文社会科学对当代中国教育学发展的关注

中国教育学科建设仍然相对滞后，原因何在？人文社会科学科学界首先强调要深入研究教育实践，努力在理论服务于实践的过程中求得理论自身的发展和完善。其次，建议从中国的实情出发，着力推进教育学科的进一步分化，开展深入的专题研究，为较高水平的学科综合打下坚实的基础。再次，认为教育学的本土化是当代中国教育科学研究的重要历史使命；既要有“拿来主义”的全球视野，又要有“洋为中用”的本土意识，在放手引进、充分借鉴外国教育研究成果的同时，要立足本国，注重在自己的文化背景下提炼、发展教育理论，建立教育学的中国学派。人文社会科学界还十分重视当代中国教育学的方法体系的建构，提倡实证方式和评价方式的综合运用。

难 点 提 示

第九章几乎是中外教育思潮发展史的浓缩，但是学习者一般熟悉教育学和教育史，整章的要点都不难理解。学习第九章的真正困难在于，要突破就教育学论教育学的框框，尝试从人文社会科学发展的大背景上，结合教育改革和发展的迫切需求，对教育学发展的历史和现状进行反思。要重视第九章第三节提出的问题，联系自己学习和工作的体会，多问几个为什么，想一想这些观点是否有理。

学 习 建 议

1. 鉴于第九章是从人文社会科学与教育学的学科建设关系着眼的，学习者不但要重视教材关于教育学发展的人文社会科学背景的直接介绍，而且要用心体会贯通在对每一个教育学重要成果进行评述的过程中的特殊视点。视点不一样，具体评价也就有所调整。

2. 将教育学的孕育、形成、发展的过程，与第一章、第四章、第八章所阐述的人文社会科学总体发展轨迹进行比较，与第五章至第七章人文社会科学九个主干学科发展轨迹进行比较，归纳共性，分析个性。

3. 学习的目的在于应用。排排自己在实施素质教育过程中所遇到的问题，选择其中较有特色的一二个课题，从理论与实际的结合上进行思考，写出提纲，准备参加讨论。

4. 没有学过教育学和教育史的，学习第九章会有困难，要自学补课。

自 测 题

一、语词解释

1. 教育学

2.《礼记·学记》

3.《普通教育学》(赫尔巴特)

4.《学会生存——教育世界的今天和明天》

5. 大教育观

二、填空题

1. 在一定意义上可说是________之本、________之本、________之本的初等教育，一直是教育学的重要研究对象。

2. 孔子对教育的探索和哲学、________、________的思考融为一体。

3. 中国的传统教育大格局是以________教育为主流，________教育为补充。

4. 在外国教育史上最早提出普及教育的观念的是捷克教育家________，他的代表作《大教学论》是________的雏形。

5. 马克思主义创始人提出了关于________学说，这对于确立科学的教育目的理论具有重大的指导意义。

6. 20世纪与人文社会科学发展大体同步的世界现代教育思潮的三个高涨期，依次以________、________、________为焦点。

7. 从20世纪上半叶中国社会的实践出发，立足于带有时代特点和民族特点的实践本位观和群众本位观，为中国教育学的现代化和本土化作出积极贡献的代表人物是________。

8. 在教育学研究的发展史上，实证方式和教育领域中的________思潮相联系，________方式则与教育领域中的人文主义思潮相联系。

9. 当代中国教育学有五种主要的具体研究方法：历史研究法、________、比较研究法、________、理论研究法。

10. 中国教育正从适应经济________和经济________两个根本转变出发，相应实现全面适应现代化建设对各类人才培养的需要，全面提高办学________和________的两个重要转变。

三、选择题

1. “兴于诗，立于礼，成于乐”的教育观点出于(　　)

A. 孔子　　B. 孟子　　C. 老子　　D. 庄子

2. 古希腊的思想家都参与教育活动，他们的教育思想中不少具有科学意义的假说对后世产生了深刻影响。这些思想家中被尊为“遵循自然”教育思想的鼻祖的是(　　)

A. 柏拉图　　B. 苏格拉底

C. 亚里士多德　　D. 昆体良

3. “知识就是力量”的提出者是英国哲学家(　　)

A. 洛克　　B. 笛卡儿　　C. 斯宾塞　　D. 培根

4. 1900 年前后形成的“进步教育运动”的主要代表是(　　)

A. 乌申斯基　　B. 杜威　　C. 皮亚杰　　D. 布鲁纳

5. 五六十年代，致力于在整体性教育实验中贯彻马克思主义关于人的全面发展的思想，提出学生全面和谐发展理论的前苏联教育家是(　　)

A. 凯洛夫　　B. 赞可夫

C. 苏霍姆林斯基　　D. 布卢姆

6. 曾经产生过广泛影响然而并不属于 20 世纪教育理论的是(　　)

A. 发展性教学理论

B. 通过“发现”主动学习理论

C. 掌握学习理论

D. 阶段教学论

7. 产生了持久深刻的影响然而并不属于近年来我国有关小学素质教育实验的运动是(　　)

A. 愉快教育　　B. 和谐教育

C. 生活教育　　D. 情境教育

8. 在教育史上具有划时代意义的终身教育论始于 60 年代(　　)

A. 瑞典的“回归教育”试验

B. 日本100年来的第三次教育改革

C. 欧洲委员会欧洲议会“欧洲终身教育年”

D. 社会发展问题世界首脑会议

9. “全程教育”的主要内涵是(　　)

A. 人生受教育的场所不能再仅限于学校，而应该遍布于全社会

B. 教育不能再是一次性的和终结性的，它面向人的一生

C. 教育不能只是面向少数人，它是面向全体、战胜机会不平等的一种手段

D. 教育不但要使人适应工作和职业变化，而且要注重人的整体素质的提高

10. “全域教育”的主要内涵是(　　)

A. 教育社会化、社会学习化，整个社会成为学习社会

B. “活到老，学到老”

C. 教育是人民的第一需要

D. 教育要强调人的全面发展

四、简答题

1. 近代教育学的形成同人文社会科学的发展有何联系?

2. 20世纪初期现代教育思潮第一次推进同人文社会科学的发展有何联系?

3. 20世纪中期现代教育思潮第二次推进同人文社会科学的发展有何联系?

4. 20世纪中后期现代教育思潮第三次推进同人文社会科学的发展有何联系?

5. 当代中国有关小学素质教育实践的跨学科探讨，对于现代教育理论的发展有什么积极贡献?

五、论述题

1. 说说终身教育观的主要内涵和重大意义。

2. 当代中国人文社会科学界认为中国教育学研究要从哪几方

面寻求新的突破？

3. 你在实施素质教育过程中遇到了哪些问题，思想上存在着哪些困惑，准备从何处着手争取在理论上和实践的结合上取得新的进展？

参考答案

一、语词解释

1. 以人类教育活动为对象、以揭示教育发展一般规律为目标的人文社会科学主干学科之一。

2. 体现了儒家文化思想的、世界上最早的教育问题专论。

3. 以西方伦理学和心理学为基础的比较全面地探讨教育问题的专著。许多学者将此作为独立的教育学体系初步形成的标志。

4. 70年代初联合国教科文组织国际教育发展委员会编著的世界教育研究报告。被认为是终身教育思想的奠基作。

5. 在大科学体系逐步形成的过程中迅速发展起来的，以终身教育观为核心的全球性教育理念。

二、填空题

1. 人生　民族　教育

2. 伦理　政治

3. 儒家　佛道

4. 夸美纽斯　近代教育学

5. 人的全面发展

6. 改变学校教育重心　更新教育内容　筹建终身教育体系

7. 陶行知

8. 科学主义　评价

9. 调查研究法　实验研究法

10. 体制　增长方式　质量　效益

三、选择题

1. A　2. C　3. D　4. B　5. C　6. D　7. C　8. A　9. B　10. A

四、简答题

1. 中国和外国古代的教育思想，都是作为哲学和其他人文社会知识的有机组成部分出现的。中国由于封建主义的禁锢，人文社会知识的科学化体系化进程受阻，教育实践发展迟缓，未能从社会内部孕育出近代教育科学体系。西方从 16 世纪开始，资本主义社会关系萌生，欧洲文艺复兴运动的重视客观实在的哲学精神于 17 世纪～18 世纪取得主导性地位，心理学研究逐步取得新的进展，教育研究科学化的思潮随之兴起，19 世纪初近代教育学体系基本形成。

2. 这一阶段，哲学、心理学、社会学、管理学等直接参与教育学科建设，欧洲和美国分别兴起新教育运动和进步教育运动，推进了以改变学校教育重心为焦点（也就是强调以儿童为主、以学习生活直接经验为主、以从活动中学习的方式为主）的现代教育思潮。

3. 这一阶段，人文社会科学取得重大发展，系统科学成型，哲学、心理学、语言学、政治学、社会学、经济学等同教育学交互作用，世界教育发展加速，教育观念、内容和方法的改革成为教育学研究的主旋律，推进以更新教育内容为焦点的现代教育思潮。

4. 这一阶段，人文社会科学内部各学科，以及人文社会科学与自然科学的沟通和交融，在系统化的分析与综合中，逐步构建大科学，形成了以终身教育理论为核心的现代大教育观。

5. 20 世纪末叶我国有关小学素质教育实验的科学探讨十分活跃，关于愉快教育、成功教育、和谐教育、情境教育、主体性教育的科学实验和理论研究，成为初等教育研究中最为活跃、全国小学教育工作者最为关心的亮点；成为素质教育理论的生长点之一，对我国教育的基本理论研究，特别是对教育本质、教育功能、教育中的科学主义与人文主义关系的研究，主体性教育思想的提出，对教学规律的探讨等，都作出了积极贡献。

五、论述题

1. 答案要点：终身教育理论回答教育如何适应迅速变化社会和人的终身发展需求，它的主要内容可以概括为全程教育、全域教育、全民教育、全面教育。终身教育论突破了传统小教育观的狭隘视野，强调教育面向人的一生、面向并且依靠全社会、面向全民、注重人的全面发展，开创了教育理论研究和教育实践的新纪元。

（回答此题参看教材第九章第二节相关内容）

2. 答案要点：人文社会科学界普遍认为，当代中国教育学发展的关键课题是处理好教育理论与教育实践、学科分化与学科综合、全球视野与本土特色、实证方式与评价方式等关系。倾向性的意见是：首先要强调深入研究教育实践，努力在理论服务于实践的过程中求得理论自身的发展和完善；首先要推进教育学科的进一步分化，特别要开展深入的专题研究，为较高水平的学科综合打下坚实的基础；要强调“洋为中用”，努力推进教育学科建设的本土化进程；要提倡实证方式与评价方式的协调和综合，建构中国教育学的科学方法体系。

（回答此题参看“重点辅导”第二部分有关内容）

3. 回答提示：此题要求结合本课程的学习，排查学习者在实施素质教育的过程中所遇到的实践的和观念上的问题。选择主要的，内容要具体。

DI SHI ZHANG 第十章

人文社会科学与初等教育的跨学科研究

学习目标与要求

学习第十章，要从不同的领域不同层面了解人文社会科学与初等教育跨学科研究的关系。具体要求是：

1. 理解现代初等教育需要跨学科的广角研究。

2. 了解哲学心理学社会学与初等教育基础理论研究的关系。

3. 初步了解经济学政治学法学与初等教育相关属性研究的关系。

4. 初步了解人类学传播学比较教育学与初等教育的文化思考的关系。

5. 初步运用跨学科方法分析在实施素质教育过程中出现的某一具体问题。

知 识 结 构

教材认为，在教育科学发展滞后于人文社会科学一些前沿科学门类的情况下，人文社会科学可以从各个领域、各个层次向初等教育研究提供有效的帮助，初等教育需要主动寻求跨学科的综合研究。第一节阐释综合运用人文社会科学的成果研究初等教育的重要性。第二节到第四节分别阐述人文社会科学相关学科与初等教育研究的关系。第一节、第二节和三、四两节的部分内容为学习重点。

一、现代初等教育需要跨学科的广角研究

（一）现代初等教育为什么需要人文社会科学的跨学科研究

1. 初等教育的高度复杂性，要求从各种不同的角度对它进行研究。

2. 现代初等教育面临时代新课题，要求广泛吸收和综合人文社会科学和自然科学的成果，作出富于创造性的反应。

3. 有助于打破就教育论教育的狭隘框架，推进初等教育科学体系和人文社会科学相关学科的建设。

（二）现代初等教育的跨学科研究注重选择与综合

就是要有实事求是的科学态度和为我所用的主体意识。

二、哲学心理学社会学与初等教育的基础理论研究

（一）教育哲学的内涵与意义

1. 教育哲学是哲学与教育学的交叉学科，是联结哲学和教育、理论和实践、历史和未来的科学通道。

2. 教育哲学对初等教育的本质的研究具有整体性，对初等教育中的问题作出广泛而深刻的解释和说明，对初等教育的理论和实践具有评价作用和选择作用，是初等教育研究的理论根基。

（二）教育心理学的内涵与意义

1. 教育心理学是心理学与教育学的共生学科，探讨教育和心理发展的内在联系。

2. 初等教育是作为教育者的成人群体，与作为受教育者的众多低龄儿童，在心理上全面交互作用的动态过程；教育心理学是初

等教育研究不可或缺的理论基础。

（三）教育社会学的内涵与意义

1. 教育社会学是社会学与教育学的共生学科，从教育与社会的关系的角度探讨教育发展规律。

2. 当代教育社会学从宏观层面研究教育与整体社会之间的关系，从中观层面研究教育与社区的关系以及学校内部关系，从微观层面研究教育过程中的社会问题。

三、经济学政治学法学与初等教育相关属性的研究

（一）教育经济学的内涵与意义

教育经济学是介于经济学和社会学之间的，研究教育与经济的相互关系，并着重对教育进行经济分析的交叉学科。它对教育经济分析，特别是对教育与生产力相互关系的研究，从一个具有根本意义的方面，较为充分地揭示了初等教育的性质、地位和作用。

（二）教育政治学的内涵与意义

教育政治学是政治学和教育学交叉生成的新兴学科，以教育和政治的相互关系为研究对象，一般侧重考察教育过程的政治因素。教育政治学有助于科学地处理政治与初等教育之间的关系，认识儿童早期教育在人的政治社会化过程中具有十分重要的作用，了解教育机会均等的政治意义。

（三）教育法学内涵和意义

教育法学是法学与教育学合作产生的交叉学科，以教育法为研究对象；它的发展与教育法发展密切相关，也同教育学和法学发展密切相关。它的研究有利于增强全社会的教育法律意识，强化依法治教的观念。

四、人类学传播学比较教育学与初等教育的文化思考

（一）关于教育人类学

教育人类学是教育学与人类学的共生学科，对教育和文化关系的探讨是教育人类学的基本主题；教育人类学全面打开了初等教育研究的文化视野，有助于认识初等教育在文化建设中的位置，对教育现象进行“文化寻根”、“文化比较”，启发小学教育工作者借鉴人类学“田野作业”的方法做深入细致的一线调查。

（二）关于教育传播学

教育传播学是教育学与传播学的共生学科，首先是运用传播学的原理和方法研究和阐释教育，注重传媒教育研究，十分关注大众传播与学校教育的关系，促进初等教育在文化层面上的思考。

（三）关于比较教育学

比较教育学是一门带有综合性的教育理论学科，它的一个基本特征是跨文化比较，也就是从文化的层面对可比较的涉及整个教育领域的问题，进行跨国度、跨民族、跨学科的综合研究；这种跨文化比较的思路和方法，对初等教育的理论和实践富有启示作用。

重点辅导

第九章的学习，要求注意两个结合。一个是人文社会科学相关理论相关学科与教育科学理论的结合，一个是经过综合的理论同初等教育实际的结合。学习这一章的两个重点，无论是理解初等教育跨学科研究的重要性，还是初等教育跨学科研究的个案分析，都要坚持两个结合的原则。

一、关于现代初等教育跨学科研究的重要性和基本原则

（一）理解现代初等教育跨学科研究的必要性

教材是从三个方面进行阐述的。首先讲教育的复杂本性，讲初等教育是教育系统中的庞大基石。为了说清楚教育到底是怎么回事，怎样才能适应社会和人的发展需要，科学而又艺术地把一代又一代的自然人培养成社会化个性化的人，并使之获得终身学习的能力和机会，就必须运用各种有关人和社会的科学理论和方法进行综合研究；如果只用某门学科的眼光去看初等教育，难免重演盲人摸象和削足适履的错误。其次讲现代初等教育面临新的时代课题。当代中国的初等教育，是普及九年制义务教育时代、信息时代、终身教育体制开始形成的时代的教育；这些新的时代课题都要牵动多学科的知识和方法。再次讲现代初等教育科学体系需要突破，需要完善，重要的出路就是向教育学以外的众多学科开放门户，开展跨学科嫁接式研究。教材对当代中国素质教育理论的形成和发展所作的个案分析，不仅为第三方面的阐述提供了例证，而且也可作为前两个方面的例证。

（二）坚持现代初等教育跨学科研究的基本原则

教材主张要有实事求是的科学态度和为我所用的主体意识，注重选择与综合，以求去伪存真，综合创新。教材强调，如果把跨学科研究理解为本国初等教育事实加上外国某些非教育学科的理论定律、名词术语，那将走上一条没有尽头的岔道。应当说，教材的这些观点并非无的放矢。要像个案中的李吉林那样，以教育实践为源头活水，以现代儿童的主动全面发展为中心，融合人文社会科学不同学科审视教育的精华，调节这样那样的“视偏差”，以形成对现代初等教育的新认识。

二、关于若干人文社会学科与初等教育的跨学科研究

（一）了解教育哲学教育心理学教育社会学与加强初等教育基础理论研究的关系

哲学、心理学、社会学早先便构成了教育科学的理论基础。这三门学科同教育学交叉渗透，逐步形成了教育哲学、教育心理学、教育社会学。初等教育基础理论研究的需求，促进了三门交叉学科的形成和发展；这三门学科又转过来促进哲学、心理学、社会学的研究。教材按照交叉学科的内涵—意义—实例这样的结构线索，简要地介绍它们同强化初等教育基础理论研究的重要关联。理论上的介绍是“点到为止”，学习者知其要点即可；案例的分析，体现了理论的实际运用，学习者可以联系自己的实际，独立思考，适当借鉴。例如，教育哲学部分比较全面地介绍了关于初等教育价值的讨论，教育心理学部分涉及三个相当重要的前沿课题，教育心理学教育社会学部分则从微观领域挑选了班级、独生子女的教育、教师三个问题进行社会学分析，这些比较切合初等教育研究的需要，可以参照有关理论细心领会。

（二）了解教育经济学教育法学与初等教育相关属性研究的关系

借助经济学、法学的“眼镜”研究教育，逐步形成了交叉学科教育经济学和教育法学。它们侧重揭示教育在相关领域中的社会属性，对于深入认识初等教育的本质和地位有积极的作用。应当看到，这类交叉学科在中国还有较大的发展空间，特别是知识经济迎面走来，依法治教呼声强烈，学习者初步了解这些学科的基本学理和方法，并尝试以此理解和解释工作实践中遇到的问题，很有必要。

（三）了解教育传播学比较教育学与初等教育的文化属性研究的关系

在某种意义上，传播学和教育学的共生学科教育传播学重在教

育文化研究，综合性学科比较教育学重在跨文化比较研究，它们所拥有的特殊视角，有助于深入认识初等教育的精神文化属性，解决一系列教育文化领域内的热点问题。学习者对照教育实践进行思考，会有新的体会。

难点提示

第十章的难点是：各交叉学科形成的原因；各主要交叉学科的内涵和意义；初步运用跨学科方法解决初等教育改革和发展中的实际问题。涉及面虽然很宽，但是由于学习者对大部分人文社会学科的基本状况已有所了解，教材又把它们分别置放于三个不同的类别，理解上应当没有太大的问题。总的来看，这些学科是在人文社会科学综合化的进程中逐步产生的，有多方面的认识作用和社会功能，教材的着眼点放在对初等教育研究的推进上。学习者应该在掌握全章要点的基础上，集中力量解决主要的难点：试用跨学科方法理解和解释初等教育中的实际问题。不要从本本出发，而要从自己所遇到的问题出发，再参考教材的相关部分，从人文社会科学的“库存”中寻找解决问题的思路和方法。

学习建议

1. 第十章和第九章是一个相对独立的整体，学习时要相互参照。

2. 第十章关涉政治学和传播学。关于这两门学科的研究对象和方法，第一、第二章等均有所触及，可供参阅。

3. 第十章涉及的多数人文社会学科，教材第二编都作过专门的讨论，要善于利用相关的背景资料。

4. 按照本章学习要求，认真写作一篇短文。

自　测　题

一、语词解释

1. 教育政治学

2. 教育传播学

3. 比较教育学

4. 价值

5. 社会角色

二、填空题

1. 有人称教育是一个开放的复杂的巨系统，教育活动是物质活动系统、________活动系统、社会政治经济活动系统，________活动系统的有机组合。

2. 初等教育是教育系统中的庞大基石，它具有高度复杂的广泛性、________、多质性和________性，必须进行跨学科综合研究。

3. 初等教育的跨学科研究需要科学态度和主体意识。我们所说的科学态度就是________，我们所说的主体意识就是________。

4. 初等教育领域中新旧观念的冲突，最主要、最核心的是________的冲突。

5. 从教育心理学的发展动向看，要全面关注初等教育过程中的认知因素和非认知因素，进一步克服重认知、轻________的倾向；要充分认识小学生________教育在整个初等教育体系中的地位和作用；要高度重视________的探讨。

6. 教育社会学重点研究教育的________和________，从社会的角度探讨教育发展规律。

7. 20 世纪中叶美国经济学家舒尔茨致力于揭示教育因素在促进经济增长中的作用，他认为初等教育的收益率高达________%，在各级学校教育中居于________。

8. 人的政治社会化，是人接受政治活动和政治文化影响，从一个________人转变为________人的终身过程。

9. 如果说，以往我国初等教育无法可依，那么现在矛盾的主要方面已开始转变为有法不依、执法不严、违法不究。这里的关键是强化________________的法律意识，强化________________的观念。

10. 教育人类学的基本主题是对________关系的探讨；教育人类学全面打开了初等教育研究的________视野。

三、选择题

1. 许多人认为，教育哲学作为一门独立的交叉学科正式形成的标志是(　　)

A. 培根发表《论科学的价值》

B. 洛克发表《教育漫话》

C. 卢梭发表《爱弥尔》

D. 杜威发表《民主主义与教育》

2. 心理教育的主要内容是(　　)

A. 认知目标和情感目标体系的建构

B. 引导学生从被动学习转向主动学习

C. 心理品质的培养、心理卫生的教育和心理问题的辅导

D. 帮助教师形成积极的“自我意象”

3. 教育与社区关系以及学校内部社会关系的研究属于教育社会学的(　　)

A. 宏观层面研究　　B. 中观层面研究

C. 微观层面研究　　D. 综合性研究

4. 20 世纪 20 年代率先创造性地专门研究教育的经济意义，设计出计算教育经济效益的方法的是(　　)

A. 苏联经济学者　　B. 美国经济学者

C. 德国经济学者　　D. 英国经济学者

5. 政治文化是与教育密切相关的政治学的基本概念，其主要内容是(　　)

A. 处理阶级关系、民族关系、国际关系

B. 政治认识、政治情感、政治价值观、政治理想

C. 教育与国家、教育与人的政治社会化、教育民主化、政治教育

D. 政治体系、政治活动

6. 我国《教师法》属于(　　)

A. 教育基本法　　B. 主要教育法律

C. 教育行政法规　　D. 教育行政规章

7. 教育人类学认为，教育具有文化的多种功能，其中本质的功能是(　　)

A. 吸收集聚功能　　B. 传递功能

C. 选择功能　　D. 创造功能

8. 中国出版第一本《教育人类学》距世界出版第一本《教育人类学》约(　　)

A. 80 年　　B. 70 年　　C. 40 年　　D. 30 年

9. 现代传播学集大成者施拉姆同时是一位教育学家，他有个著名的观点是(　　)

A. 研究传播基本上也是研究教育传播

B. 信息即力量

C. 传播即力量

D. 信息革命同时带来传播革命和教育革命

10. 概括了当代比较教育学的主导性思潮“以人为中心的发展：教育和文化的最终目标”的一部著名教育研究报告是(　　)

A. 《教育——财富蕴藏其中》

B. 《学会生存》

C. 《学无止境》

D. 《从现在起到 2000 年教育内容发展的全球展望》

四、简答题

1. 教育哲学的内涵与意义是什么?

2. 教育心理学的内涵与意义是什么?

3. 我国教育社会学是怎样认识班级问题的?

4. 教育政治学对当代初等教育改革和发展具有怎样的特殊意义？

5. 教育法学有哪些研究重点？

五、论述题

1. 联系当代中国素质教育理论的形成和发展，说说初等教育跨学科研究的必要性。

2. 为什么说教育人类学、教育传播学、比较教育学能促进初等教育的“文化思考”？

3. 写一篇800字左右的短文，尝试运用跨学科方法分析自己在实施素质教育过程中碰到的某一具体问题。

参 考 答 案

一、语词解释

1. 政治学和教育学的共生学科，以教育和政治的相互关系为研究对象，一般侧重考察教育过程的政治因素。

2. 教育学与传播学的共生学科，首先是运用传播学的原理和方法研究和阐释教育。

3. 带有综合性的教育理论学科，它的一个基本特征是跨文化比较。

4. 通常指事物对人的效用。从哲学上看，价值是在有特定需要的主体与满足需要的对象即客体之间的关系中产生的，它体现在主客体相互作用的条件下，客体的属性满足主体需要的程度。

5. 指客体在一定的社会规范中履行一定社会职责的行为模式。

二、填空题

1. 生理心理　精神文化

2. 综合性　效益滞后性

3. 实事求是　为我所用

4. 教育价值观

5. 情感和意志　心理　教师心理

6. 社会性质　社会功能

7. 35　首位

8. 非政治　政治人

9. 学校内部和外部　依法治教

10. 教育和文化　文化

三、选择题

1. D　2. C　3. B　4. A　5. B　6. B　7. D　8. A　9. A　10. A

四、简答题

1. 主要内涵：是哲学与教育学交叉学科，是联结哲学和教育、理论和实践、历史和未来的科学通道。主要意义：对教育的本质的研究具有整体性，对教育中的问题作出广泛而深刻的解释和说明，对教育的理论和实践具有评价作用和选择作用，是教育研究的理论根基。

2. 主要内涵：是心理学与教育学的共生学科，探讨教育和心理发展的内在联系。主要意义：就小学而言，初等教育是作为教育者的成人群体，与作为受教育者的众多低龄儿童，在心理上全面交互作用的动态过程；教育心理学是初等教育研究不可或缺的理论基础。

3. 一般认为，班级是在宏观社会文化背景制约下的特殊的儿童社会，班级集体是一个复杂的社会关系体系和社会组织，班级制度是一种社会制度。强调教师、学生、教材“三要素”所受的社会环境影响，要求推行课程、教学手段和教学活动方式社会化，使儿童在“社会情境”中学习；建议强化师生、生生、师师间的交往，创造开放、灵活的组织形式，丰富班级的社会文化生活，使学生在独特的社会群体中找到比较合适的位置，防治差生增多、“问题儿童”和反社会行为低龄化等教育社会病。

4. 一是有助于科学地理解政治的内涵，理性地处理好教育和政治之间的关系。二是有助于认识人的政治社会化是教育政治功能的基本内容，自觉强化适应小学生全面和谐发展的社会主义民主政治教育。三是有助于了解教育机会均等的政治意义，从各方面为逐步实现教育民主化的目标创造条件。

5. 主要有：教育法的本质和职能；教育法律体系；教育法的制定和实施；教育法与教育行政；学校的法律地位，等等。

五、论述题

1. 答案要点：现代初等教育需要跨学科的研究，首先，是由教育的复杂本性所决定的。小学的素质教育内涵是什么，怎样才能适应时代和人的发展需要，科学而又艺术地提高小学生的整体素质，是一个极其复杂的理论问题，又是一个十分艰难的实践问题，必须多学科参与，从各种不同的角度进行立体式的研究和长时间的教育实验。其次，是由初等教育面临新的时代课题所决定的。素质教育是以世纪之交我国经济发展和社会进步的两个根本转变、两大文明建设为内在依据，是为迎接新技术革命挑战而建构、在终身教育概念和体制逐步形成的社会文化背景中得到深化的现代教育模式。面对新课题、新模式，小学教育工作者要广泛吸收和综合人文社会科学和自然科学的成果，更新教育观念和知识能力结构，以作出富于创造性的反应。再次，是由初等教育科学体系完善化的需求所决定的。素质教育目前是初等教育改革和发展的主旋律，然而素质教育的理论，从积极酝酿、初步形成到迅速发展，从几乎“流产”、不被认可到广泛传播，走过了一条曲折道路，通过跨学科嫁接式研究，终于打开局面，取得丰硕的阶段性成果。这也是整个教育科学体系完善化的必由之路。

2. 答案要点：所谓“文化思考”，就是指从精神文化活动的层面去认识初等教育的特点和规律。对教育和文化关系的探讨是教育人类学的基本主题。从教育人类学看，教育本身是高级形态的文化过程，是文化的特殊组成部分，文化制约教育，教育服务于文化；另一方面，教育是文化的基础和生命机制，从多方面反作用于文化。教育人类学认为，教育具有文化的吸收积聚功能、传递功能、选择功能和创造功能，本质的功能是创造；教育文化功能的积极发挥取决于人类的教育意识。凡此种种，对认识初等教育在文化建设中的地位、任务，和改革发展的方向、方法，都富有启示意义。教育人类学的“文化寻根”、“文化比较”、“田野作业”等研究教育的特殊思路、模式和方法，以及所取得的大量思想资料，对初等教育的文化思考很有助益。与此相关，教育传播学重在教育文化研究，比较教育学重在跨文化比较研究，它们所拥有的特殊视角和特殊方法，所生产的丰富文化思想资料，有助于深入认识初等教育的精神文化属性，解决一系列教育文化领域内的热点问题。

3. 回答提示：这是一项用以检验本课程学习成果的重要作业，须按照要求从理论和实践的结合点上找课题，尝试运用教材所介绍的某种思路和方法，分析一个具体事例。要求认真学，认真作。即使拿不出“像样”的短文，也一定会受到像样的锻炼。

教材曾以小学生的考试比较研究为例。这里介绍一份 1998 年 7 月澳大利亚华裔普通小学生林迎莹（四年级）的《学生报告单》。首先，评价体系分为既有联系又有区别的两块：学业成绩一块，努力程度一块，各设四个等级。其次，考核项目为：英文（读、写、说—每一小项均有评语，各有学业成绩和努力程度两种，下同），数学（空间、数字、测量），科学技术，人类社会和环境，体育，艺术，借书情况，社会能力和行为习惯，劳动，出勤率。再次，中文课老师评语（“中文学得好，能完成功课，乐于学习”）；班主任评语（“迎莹是一个极有天赋的学生，能很快地学习下一章节，她也很乐意教别人”）；校长亲笔评语（“做得很好，迎莹，祝贺你!”）上述资料可资利用。

FULU YI 附录（一）

小学教师进修高等师范专科小学教育专业（理科方向）《人文社会科学基础》教学大纲

第一部分　课程性质与目的要求

一、课程性质

《人文社会科学基础》是小学教师进修高等师范专科小学教育专业（理科方向）必修的综合基础课程之一，也可列为文科方向的选修课程。

本课程的设置带有实验性。

二、课程目的和要求

目的：帮助学员开拓科学文化视野，逐步建立合理的知识结构，汲取人文社会科学的新成果、新方向，处理好初等教育中理科教育和文科教育的关系。

要求：了解人文社会科学的基础知识；了解社会科学在物质文明和精神文明建设中的地位和作用，现代人文社会科学的若干主干学科的发展概貌和总体发展趋势，以及人文社会科学发展与初等教育改革的关系；理解人文社会科学与自然科学的区别和联系，初步确立完整的现代科学文化概念；学习运用人文社会科学的知识、观点、方法分析现实社会问题和教育问题，提高初等教育中理科文科互补互渗、开展综合性教育的理性认识和实践能力。

第二部分　教学时数

本课程学分为4学分。

本课程二年制离职进修总教学时数72学时，三年制业余进修授课时数54学时，四年制函授面授36学时（另自学72学时）。

教学时间具体分配见下表（数字单位为学时）：

教学内容	离职进修	业余进修	函授进修	
			函授	自学
绪言	1	1	1	1
第一编　人文社会科学的基础知识	22	18	11	22
第一章　人文社会科学概述	10	8	5	10
第二章　人文社会科学的社会功能	6	5	3	6
第三章　人文社会科学的研究方法	6	5	3	6
第二编　人文社会科学的现状与趋势	35	26	17	35
第四章　20世纪人文社会科学发展概貌	8	6	4	8
第五章　哲学历史学文艺学宗教学的新突破	6	5	3	6
第六章　语言学心理学人类学的重要进展和广泛影响	6	4	3	6
第七章　管理学经济学社会学法学适应时代需要迅速发展	7	5	3	7
第八章　人文社会科学的发展趋势	7	5	4	7
第三编　人文社会科学与初等教育	14	10	7	14
第九章　人文社会科学与教育学的学科建设	6	4	3	6
第十章　人文社会科学与初等教育的跨学科研究	8	6	4	8
总计	72	54	36	72

第三部分　教学内容与要求

绪　言

一、教学要求

1. 了解《人文社会科学基础》课程的性质和意义。

2. 了解《人文社会科学基础》课程的内容的轮廓和学习的原则、方法。

二、内容要点

1.《人文社会科学基础》课程的性质。

2. 学习《人文社会科学基础》的意义。

3.《人文社会科学基础》课程的基本内容：人文社会科学的基本结构、基本概念、基本原理；人文社会科学的现状和趋势；人文社会科学发展与初等教育改革的关系。

4.《人文社会科学基础》的学习原则和学习方法：运用马克思主义的立场、观点、方法，把现代人文社会科学的相关理论同初等教育的实践联系起来。

三、重点难点

1. 重点：本课程开设的目的意义、内容轮廓、学习方法。

2. 难点："科学是人类对客观世界的认识过程"。

四、教学建议

针对学员学习这门新课程的实际思想问题进行讲授，激发他们的学习积极性。

第一编　人文社会科学的基础知识

一、教学要求

1. 了解人文社会科学的内涵、结构，基本特征，发展规律。

2. 了解人文社会科学的社会功能和研究方法。

3. 理解人文社会科学和自然科学的区别和联系。

4. 初步运用上述知识解说教育学在人文社会科学中的地位及其社会功能。

二、内容要点

第一章 人文社会科学概述

1. 人文社会科学的基本含义：人文社会科学研究的对象和目的；人文社会科学的主干学科和结构体系；人文社会科学的孕育、生成和拓展。

2. 人文社会科学的特征：人文社会科学与自然科学的共性——是人类对客观存在的认识过程，是一种理论知识体系，是创造性的社会活动，是推动历史发展的实践性力量；人文社会科学的个性——人文社会科学在阶级社会中一般具有某种阶级倾向性，人文社会科学通常体现出一定的民族性，人文社会科学的时代性。

3. 人文社会科学的发展规律：人类社会实践与人文社会科学理论的互动关系；社会需要和人文社会科学自身发展需要的辩证统一；常规性发展与革命性发展相互交替。

第二章 人文社会科学的社会功能

1. 人文社会科学的功能定位：人文社会科学具有积极的社会功能；人文社会科学社会功能实现的特殊条件。

2. 人文社会科学的多种社会功能：认识功能；思想建设功能；文化建设功能；政治建设功能；经济建设功能；社会管理功能；社会决策功能；咨询功能。

第三章 人文社会科学的研究方法

1. 人文社会科学研究的一般方法：理性批判与情感激发；定性研究与定量研究；直觉领悟与技术分析。

2. 人文社会科学研究的具体方法：调查方法；实地方法；文献情报方法。

三、重点难点

1. 重点：人文社会科学研究的对象和目的；人文社会科学的主干学科和结构体系；人文社会科学与自然科学的区别与联系；人类社会实践与人文社会科学理论的互动关系；人文社会科学的认识功能、思想建设功能、文化建设功能、政治建设功能、经济建设功能、社会管理功能；人文社会科学研究的一般方法和具体方法。

2. 难点：人文社会科学的基本含义和发展规律；人文社会科学研究方法中的“理性批判与情感激发”、“直觉领悟与技术分析”。

四、教学建议

1. 重点和难点部分在讲授中宜多援引实例，帮助学员切实理解相关的重要概念和基本原理。其他部分略讲，主要引导学员自学。

2. 第一章三节的教学时数的分配依次为4学时，3学时，3学时（指离职进修的学时分配，业余进修及函授进修可按比例类推，下同）；第二章两节的学时分配依次为1学时，5学时；第三章两节的学时分配依次为3学时，3学时。

3. 设计图表，简明扼要地显示以“人类的自我认识”为核心的人文社会科学各主干学科所构成的体系。

4. 力求采用现代教育技术，增大教学信息量，提高学习效果。

5. 按照教学要求并结合学员实际分章设计讨论题和练习题，引导学员开始思考教育学在人文社会科学体系中的地位和作用。

第二编　人文社会科学的现状与趋势

一、教学要求

1. 了解20世纪以来特别是第二次世界大战之后人文社会科学发展的概貌。

2. 了解现代若干人文社会学科的重要进展，初步认识它们的科学价值。

3. 了解当代人文社会科学的发展趋势。

4. 初步运用某一门人文社会学科的观点、方法，分析与初等教育密切相关的现实社会问题。

二、内容要点

第四章　20 世纪人文社会科学发展概貌

1.20 世纪人文社会科学发展的背景：不断深化的时代主题；飞速发展的自然科学技术；日益尖锐化的当代全球问题。

2.20 世纪人文社会科学的发展脉络：20 世纪上半叶以分化发展为主导倾向，分化中有综合；20 世纪下半叶逐步走向整体联动，综合中有分化；20 世纪末期进入反思——展望期。

3.20 世纪中国人文社会科学发展概貌：20 世纪中国人文社会科学发展的特殊背景；中国人文社会科学发展的曲折道路。

4.20 世纪人文社会科学发展的总体特点：社会实践与科学理论的交互作用日趋明显；多科性综合性的科学体系逐步形成；人的解放和发展受到广泛关注。

第五章　哲学历史学文艺学宗教学的新突破

1. 哲学、历史学、文艺学、宗教学都是在 20 世纪取得了新突破的传统人文学科。

2. 感应着时代脉搏的现代哲学：20 世纪哲学发展的理论先导；马克思主义哲学的广泛传播和重大发展；西方非马克思主义哲学的演化；当代中国马克思主义哲学研究的突破性进展。

3. 实现了重要变革的现代历史学：20 世纪历史学研究模式的变革；马克思主义在史学领域中的影响不断扩大；当代中国历史学的发展充满希望。

4. 对文学艺术发展规律进行深入探讨的现代文艺学：20 世纪文艺研究的总体特征；20 世纪文艺学的突破性进展；当代中国文艺研究。

5. 对宗教进行科学研究的现代宗教学：20 世纪宗教学的发展轨迹；当代中国宗教学的重要进展。

第六章 语言学心理学人类学的进展和影响

1. 语言学、心理学、人类学在20世纪成为跨越人文社会科学和自然科学两大部类而总体上仍然倚重于人文社会科学的重要学科。

2. 20世纪语言学与现代科学：现代语言学的重要进展；现代语言学：跨越并影响人文社会科学与自然科学；中国语言学：继承、吸纳与开拓。

3. 20世纪心理学的重要进展及其广泛影响：现代心理学的重要进展；现代心理学对科学体系发展的全方位影响；当代中国心理学的成就。

4. 20世纪人类学的变革及其科学意义：20世纪人类学的拓展和变革；现代人类学对于现代科学发展的意义；在探索中前进的中国人类学。

第七章 管理学经济学社会学法学适应时代需要迅速发展

1. 管理学、经济学、社会学、法学是社会科学中具有典型意义的主干学科，它们的科际关系十分密切。

2. 20世纪管理学迅速崛起：现代管理学研究对象和研究方法的发展；世界管理学的思潮流派；当代中国管理学的发展与社会主义现代化建设。

3. 20世纪经济学不断接受挑战：现代经济学研究对象和研究方法的发展；现代西方经济学的主潮和流派；马克思主义经济学及其在当代中国的发展。

4. 20世纪社会学面对日趋复杂的社会问题：现代社会学研究对象和研究方法的发展；现代西方社会学的思潮流派；马克思主义与现代社会学。

5. 20世纪法学与现代社会法制建设：现代法学研究对象和研究方法的发展；现代西方法学的主要流派及发展走向；马克思主义

法学及其对当代中国实现法治的指导意义。

第八章　人文社会科学的发展趋势

1. 当代人文社会科学面临的挑战和机遇：当代社会的新的特点；挑战和机遇并存。

2. 当代人文社会科学发展的趋势：东西方文化在碰撞中互补的趋势；科学主义与人文主义交融的趋势；分析综合走向系统化的趋势；注重应用研究的趋势；研究手段高技术化的趋势。

三、重点难点

1. 重点：20 世纪人文社会科学的发展脉络和总体特点；传统人文学科哲学、历史学、文艺学、宗教学 20 世纪发展的共通特点；20 世纪马克思主义哲学的广泛传播和重大发展及当代中国哲学研究的突破性进展；语言学、心理学、人类学在 20 世纪的发展道路、功能影响诸方面的共通特点；语言学、心理学的重要进展及其广泛影响；管理学、经济学、社会学、法学的学科性质的相通之处；管理学、经济学迅速发展的原因、轨迹和前景；当代人文社会科学发展的趋势。

2. 难点：各重要学科研究对象和研究方法的发展；西方非马克思主义哲学的演化；现代语言学、心理学、管理学、经济学的主要思潮流派；当代人文社会科学发展过程中东西方文化在碰撞中互补、科学主义与人文主义交融、分析综合走向系统化的趋势。

四、教学建议

1. 突出重点部分，深入浅出地解说难点；其他部分略讲，主要引导学员自学。

2. 第四章四节的教学时数的分配依次为 1 学时，3 学时，1 学时，3 学时；第五章第二、三、四、五节的学时分配依次为 3 学时，1 学时，1 学时，1 学时；第六章第二、三、四节的学时分配依次为 2 学时，3 学时，1 学时；第七章第二、三、四、五节的学时分配依次为 2 学时，3 学时，1 学时，1 学时；第八章两节的学时分配依次为 1 学时，6 学时。

3. 运用图表化繁为简。

4. 力求采用现代教育技术。

5. 按照教学要求并结合学员实际分章设计讨论题和练习题，引导学员初步思考各门人文社会学科与初等教育实践的关系。

第三编　人文社会科学与初等教育

一、教学要求

1. 了解人文社会科学与教育学的学科建设的关系。

2. 了解综合运用人文社会科学的原理和方法研究初等教育的重要性。

3. 提高文理互渗、改革初等教育的自觉性。

4. 学习运用跨学科方法分析在初等教育改革过程中出现的某一具体问题。

二、内容要点

第九章　人文社会科学与教育学的学科建设

1. 人文社会科学与近代教育学的形成：教育科学思想的萌生；从人文社会科学母体中初步分离而出的教育体系；马克思主义的诞生为教育学的发展提供了科学指南。

2. 20 世纪人文社会科学与现代教育思潮：20 世纪初叶人文社会科学与世界性新教育思潮的兴起；20 世纪中期人文社会科学推动教育学建设的繁盛；20 世纪后期人文社会科学开拓世界教育学新视野。

3. 人文社会科学与中国教育学的当代发展：人文社会科学全面推进中国教育学革故鼎新；人文社会科学关注当代中国教育学发展的关键课题。

第十章　人文社会科学与初等教育的跨学科研究

1. 现代初等教育需要跨学科的广角研究：现代初等教育为什么需要人文社会科学的跨学科研究；现代初等教育的跨学科研究注

重选择与综合。

2. 哲学心理学社会学与初等教育的基础理论研究：教育哲学的内涵与意义；教育心理学的内涵与意义；教育社会学的内涵与意义。

3. 管理学经济学政治学法学与初等教育相关属性的研究：教育管理学的内涵与意义；教育经济学的内涵与意义；教育政治学的内涵与意义；教育法学的内涵与意义。

4. 人类学传播学比较教育学与初等教育的文化思考：关于教育人类学；关于教育传播学；关于比较教育学。

三、重点难点

1. 重点：20 世纪人文社会科学与现代教育思潮；人文社会科学与中国教育学的当代发展；现代初等教育需要跨学科研究；哲学、心理学、社会学与初等教育的基础理论研究；教育管理学、教育法学、教育传播学、比较教育学与初等教育相关属性的研究。

2. 难点：各交叉学科形成的原因；各主要交叉学科的内涵和意义；初步运用跨学科方法解决初等教育改革和发展中的重点问题。

四、教学建议

1. 突出重点，解决难点；其他部分略讲，主要引导学员自学。

2. 第九章三节的教学时数的分配依次为 1 学时，3 学时，2 学时；第十章四节的学时分配依次为 1 学时，3 学时，2 学时，2 学时。

按照教学要求并结合学员实际分章设计讨论题和练习题，要求学员初步运用所学知识、方法，分析在初等教育改革的过程中遇到的某一实际问题。

第四部分　教学建议

一、解放思想，实事求是，运用马克思主义的立场、观点、方法处理教学内容，改革教学方法。

二、把人文社会科学的基本概念、原理和方法作为教学重点，引导学员理清脉络，掌握要点，促进学员转变思想观念和思想方法；设计简明图表，多用典型实例，力求化繁为简，深入浅出。

三、贯彻理论联系实际的原则，特别注意联系当代初等教育改革和发展的实际。

四、充分利用现代教育技术，提高教学效果。

五、充分发挥学员学习的主体性，引导学员认真自学，独立思考。

六、对本课程的师资进行培训。

七、本课程系考查科目。参照第三编教学要求第四项，当堂开卷独立写作短文一篇。

FULUER 附录（二）

案例与思考举隅

一、2003年6月20日，由“新浪网”与其他十七家强势媒体共同推出的大型公众调查“20世纪文化偶像评选活动”正式落下帷幕。主办单位称，这次活动无论是在参与人数和公众关注度上，都创下了全新的纪录。根据网友和报纸读者的投票，综合统计出十大文化偶像排名，他们是鲁迅（57259票）、金庸（42462票）、钱钟书（30912票）、巴金（25337票）、老舍（25220）、钱学森（24126票）、张国荣（23371票）、雷锋（23138票）、梅兰芳（22492票）、王菲（17915票）。对于这个所谓“鲁迅与金庸齐飞，雷锋与国荣共荣，兰芳与王菲同舞”的评选结果，有人认为它反映了当代中国文化多元化的现状，真实，可喜；有人认为它折射出部分网民的文化心态，片面，可忧。

请结合《人文社会科学基础》绪言和第一章、第八章的学习，独立思考，发表评论。

二、在人们的观念中，狼是凶残、贪婪、卑劣的代名词。1946年，一个名叫莫厄特的加拿大探险家、科学家，受本国政府派遣，到北极地区收集狼的罪证，以便对其实行大规模制裁。背景是由于狼的猖獗，那里的驯鹿数量急剧减少。莫厄特一个人在天寒地冻的北极地区，和那里的狼群共同生活了一年，并广泛地向当地的爱斯基摩人求证。一切野外观察以及室内实验的结果，都同莫厄特的先入之见，同政府拨出专款派他前来的明确目的，大相径庭。莫厄特亲眼目睹的大量事实说明，北极地区的狼不伤人、不凶残、不贪婪，主要以捕食老鼠和北方大梭鱼为生，偶尔三五成群合力追捕猎杀的只是老弱病残的驯鹿。狼的食量是有限的，到了荒年还会节制生育。研究结论是，当地的驯鹿数量之所以急剧减少，主要是当地猎人恣意捕杀乃至动用直升飞机剿杀的结果。莫厄特面对痛苦的价值抉择：或者违心地顺从加拿大政府的旨意，嫁祸于狼，也让那些捕杀驯鹿的猎人们相安无事；或者不顾当局的怀疑和当地人的谴责，实事求是，直言不讳，还那些原生状态下的北极狼一个公道。在经历了剧烈的道德和意识冲突之后，莫厄特站出来宣布："狼使我认识了它们，也使我认识了自己。"1963 年他的研究报告《与狼共度》正式出版。

请结合《人文社会科学基础》第一章的学习，就此案例谈谈你对科学精神、科学态度的看法与体会。

三、关于果子狸的遭遇。(1) 2003 年春，全球追究 SARS 病毒来源，果子狸等野生动物成为头号疑犯。2003 年 5 月底国家工商总局和林业局要求严禁违法捕猎和经营野生动物。(2) 8 月 5 日国家林业局签发的"林护发［2003］121 号"通知规定：果子狸、山鸡等 54 种陆生野生动物已被批准列入首批可进行商业性经营利用和驯养繁殖名单。10 月 17 日钟南山表示，在没有充分证据证实其安全性的情况下，"果子狸重返餐桌"是不恰当的。(3) 2004 年 1 月 5 日广东疾病控制中心有关负责人宣布，广州 2003 年 12 月底出现的 SARS 病例样本的 S 基因序列与果子狸携带的 SARS 冠状病毒的 S 基因序列高度同源。广东随即宣布关闭所有野生动物市场并灭杀果子狸。

请联系《人文社会科学基础》第一章的相关内容，谈谈你对现代科学观的认识。

四、《海南日报》2004 年 1 月 17 日报道，"现炒现卖"寒假作业赚钱的现象在琼海一些小学生中出现。一位小学五年级孩子的母亲向记者诉说，寒假中她的儿子每天到同学家去，把自己完成的作业给一些不爱动脑筋的同学抄袭，每个抄袭的同学要给五元钱的报酬；为了能多一些赚头，儿子突击做作业，每做完一些就让同学抄一些，然后等着收钱。面对父母的教育，儿子说父母是“少见多怪”，他还觉得自己很不划算，因为有些同学抄袭了他的作业后，又转手给其他的同学抄，而且收费六块钱。

2000 年《中国青年》杂志刊登一封 14 岁少年的遗书，最重要的片断是：“那天我看电视，见记者采访一个放牛娃。放牛娃说，他的理想是放好牛，然后卖牛挣钱盖房子，盖了房子娶媳妇，娶了媳妇生孩子，生了孩子再让他放牛。事后，我想到了自己——为什么读书？考大学。上大学又为什么？找份好工作。有了好工作呢？找个好媳妇。然后呢？生孩子，让他考大学、找工作、娶媳妇……这样的生活没意义，这样的生命没价值。”于是，在同父母只有一墙之隔的自己的房间里，这位连续三年当选校级三好学生、班长的优秀少年，服毒自杀。

请结合《人文社会科学基础》第二章的学习，联系身边实际，发表自己的看法。

五、关于艾滋病的传播与防治。（1）根据《2003 年度全球艾滋病流行报告》（联合国艾滋病联合规划署与世界卫生组织联合公布），目前全世界感染艾滋病病毒者已达 4000 万左右，其中包括 2500 万年龄在 15 岁以下的儿童。2003 年世界平均每天有 14000 人感染艾滋病病毒，超过 8000 人死于艾滋病。（2）中国首席艾滋病专家邵一鸣 2003 年 11 月 29 日接受记者采访时介绍，中国从 1994 年开始进入艾滋病快速增长期，目前中国感染艾滋病病毒累计人数估计为 100 万，要是不控制好，到 2010 年是 1000 万；中国政府将像抗击非典那样抗击艾滋病。（3）世界艾滋病日部分主题。1989 年：我们的生活，我们的世界——让我们相互关照；1992 年：预防艾滋病，全球的责任；1993 年：时不我待，行动起来；1995 年：共享权益，同担责任；1996 年：同一世界，同一希望；1999 年：关注青少年，预防艾滋病——倾听、学习、尊重；2002 年：相互关爱，共享生命。

请结合《人文社会科学基础》第二章的学习，说说在防治艾滋病的领域，人文社会科学可以从哪些方面与自然科学结盟，发挥它应有的作用。

六、南京大学社会学系与南京市疫情调查分析中心继2003年5月1日～5日对五大城市，北京、上海、广州、重庆、南京，进行首次非典疫情调查的基础上，又于同年5月23日～25日对上述五大城市进行了第二次SARS疫情调查。调查重点：中国普通民众在SARS传播期间的行为与态度，对政府控制疫情的工作及其效果的评价。调查方式除了文献研究和专家访谈以外，主要依靠电话调查。第二次电话问卷调查采用由计算机随机抽取电话号码，根据事先拟定的41道不带暗示性的选择题，列出选择项请被访者选择；在五大城市共成功访问了1034个家庭，其中每个城市均略多于200个家庭；从统计学上讲，本次电话调查样本对上述五大城市具有很好的代表性。

请结合《人文社会科学基础》第二章的学习，思考以下问题：借鉴国际上广泛应用的民意调查方法，在五大城市采用上述电话调查的方式，能够保证调查结果的客观与准确吗？为什么？它的难度主要在什么地方？此外，现在中国十分流行的网上调查、网上投票评选，其结果能不能做到客观与准确，为什么？

七、瑞士作家弗兰茨·霍勒尔写过一篇讽刺小品，说人类中有个头等推销员跑到北方大森林，向驯鹿推销防毒面具。驯鹿问，这儿空气非常清新，要它干什么？于是，这位推销员就在驯鹿居住的大森林中建起一个大工厂，浓烟滚滚污染了整个大森林。那只驯鹿不得不去找推销员买防毒面具。推销员说我已经为你和你的同伴准备了成千上万只防毒面具。驯鹿顺便问了一句：你的工厂生产什么产品？推销员回答说：防毒面具啊！

请联系《人文社会科学基础》第四章的相关内容，对这一看似荒诞的寓言进行评析。

八、据《人民日报》报道，2003年12月，浙江省湖州市委、市政府考核所辖县区年度工作，取消了地区国民生产总值（GDP）直接指标；调整后的综合考核指标如下：1. 财政总收入；2. 城镇居民人均可支配收入；3. 农民人均纯收入；4. 招商引资；5. 外贸和外经工作；6. 工业经济；7. 农业经济；8. 第三产业；9. 科技教育；10. 城乡建设和基础设施建设；11. 环境保护和可持续发展；12. 就业和社会保障；13. 民主政治建设；14. 精神文明建设；15. 党的建设；16. 社会稳定。

请结合《人文社会科学基础》第四章和第八章相关内容的学习，就此案例谈谈你对科学发展观的认识。

九、杭州市天长小学不再评选“三好学生”。在一学期中，凡在品德、学习、纪律、劳动、爱集体等方面有进步的学生，可获“进步生”称号。凡爱祖国、爱学校、爱集体，又在自学、自强、自律、自护方面做得较好，各科成绩优秀在60%以上的同学，可获“全能生”称号。凡在学校和社会上举办的各种竞赛和比赛中获奖，或在报刊上发表作品的学生，可获“特长生”称号。这样，学校各类学生都有机会得到表扬和鼓励。

请联系《人文社会科学基础》第五章和第十章的相关内容，从哲学的角度，例如围绕“小学生的全面发展与个性发展”这一话题，对天长小学“没有差生，只有有差异的学生”“承认差异，发现差异，发展差异”的认识和做法进行评论。

十、关于“中国印”。2003 年 8 月 3 日夜，第 29 届奥林匹克运动会会徽正式公布，新华社电讯称之为《翩然出世“中国印”》。(1) 这个在全球 1985 件应征作品中遴选出来的“中国印·舞动的北京”，运用中国传统的印章和书法等艺术形式，十分巧妙地将中国特色、北京特点和奥林匹克元素结合在一起，将历史遗产与现代北京和中国的形象及其对世界、未来与奥林匹克的庄严承诺很好地融合在一起，得到国内外顶级专家的高度评价。国际奥委会主席罗格的评价是：“非常完美，很有诗意、充满了青春和活力，代表着中国的发展和未来，它是奥林匹克精神和中国灿烂文化的完美结合。”(2) 会徽刚公布，就在内地某知名网站的评论专栏中引来网友热评。到 8 月 11 日 10 时，来自某网的数据表明，认同会徽（打最高分 5 分）和否定会徽（打最低分 1 分）的网友在参与调查的人中分别占到了 25％和 29％。前者认为这个标志朝气蓬勃，表现了中国古老文明走向现代化、融入世界的力量和信心，也很好地体现了奥林匹克“更高、更快、更强”的主题。而后者认为会徽的设计似乎过于拘谨，过于沉浸于所谓“人文”的意境，而稀释了应有的视觉冲击力，“古拙”有余灵动不足。（3）针对上述网站充满“网骂”的情况，《中国青年报》发表署名文章说，如果“网评”成“妄评”，那么，网络评论本身就会渐变成垃圾，这显然是不利于网络文化建设的。还有人在报刊上发表了题为“中国印考验网友审美观”的署名文章。

请结合《人文社会科学基础》第五章相关内容的学习，谈谈自己对这一现象的看法。

十一、关丁“哈利·波特现象”。（1）据路透社报道，英国女作家罗琳从 20 世纪 90 年代开始陆续发表的预告共有七部之多的《哈利·波特系列丛书》，2003 年 11 月 17 日创造了一项新的世界纪录——它前五部书在全世界的销售量达到 2.5 亿册，套书被译成 60 种文字，已在 200 多个国家和地区发行销售。（2）这套被称为儿童魔幻文学作品的丛书，讲述的是魔法世界里的好孩子和朋友们如何对抗邪恶的成人魔法师及其随从的故事，男主人公的名字叫哈利·波特。作品中人物活动的舞台是一个虚幻的魔法世界“巫术世界”，与人们生活的现实世界“麻瓜”世界截然不同。担任信使的鸟儿是模样不雅的猫头鹰；主人公借以在空中自由飞行的是一把不起眼的扫帚柄；出出进进走的不是有门框的门，而是说一说口令就穿行到另一个天地；拿着魔杖比划比划，该来的来了，该去的去了，当然也有不灵的时候。故事挺曲折，推崇勇敢、友谊、爱、诚实以及愿做好事等道德取向。（3）人们对《哈里·波特》的追捧跨越国界、种族和年龄的限制。游戏、电影、玩具，凡是被打上哈利·波特商标的就会热销。网上有成千上万个哈利·波特迷的俱乐部。成千上万的读者在网络上发布他们的书评，其中既有儿童也有成年人。有人甚至形象地给这种现象起了个名字，叫“波特化”。（4）很多人认为《哈利·波特》是他们读过的最棒的书。西方一些有影响的书评家盛赞该书作者罗琳“大胆创新的叙事技巧和不知疲倦的创造性的想像”。中国人民文学出版社负责人认为该书具有文学价值。(5)国内外都有一批文学—文化批评家对“波特化”现象表示担忧。有人认为《哈利·波特》只是一道文化快餐，受人追捧是文化幼稚病的表现，也是商业化炒作的结果。

请结合《人文社会科学基础》第五章、第六章、第七章、第八章相关内容的学习，发表你自己的看法。

十二、马斯洛和阿德勒的人生转折。(1)人本主义心理学创始人马斯洛(1908～1970)的双亲是从俄国迁居美国的犹太人，童年生活痛苦，青少年时期因体弱、貌丑而极度自卑，进大学后从奥地利心理学家阿德勒(1870～1937)著作《自卑与超越》的概念中得到启示，从此改变了他的一生。(2)阿德勒1870年出生于维也纳，自幼患佝偻症，4岁才学会走路，5岁时又因得肺炎几乎死去。小学功课很差，老师对他父亲说，阿德勒今后只能去当鞋匠学徒。童年时期的阿德勒非常自卑，促使他寻求补偿，发奋学习。到中学阶段成绩名列前茅。他的幼年和童年经验，让他选择了医学专业，后加入精神分析学派，自成一家并成为人本心理学的先驱者；在他1932年出版代表著作之一《自卑与超越》(原名《生活对你应有的意义》)中，阿德勒提出每个人都有不同程度的“我不如人”自卑感，教师和家长应培养儿童对别人、对社会的兴趣，使他们认识“奉献乃是生活的真正意义”，从而激发人人皆有的追求卓越的内在动力，从自卑走向超越。

要求结合《人文社会科学基础》第六章和第九章、第十章的学习，以“阿德勒与马斯洛成功的启示”为副标题，写一篇短文。

十三、2003年3月，武汉青年孙志刚因为没有暂住证，被广州警方查出。在收容期间，8名被收治人员对之两度轮番殴打致死。此事经媒体曝光，引起社会广泛关注。同年5月，3名青年法学博士以“中国公民”的名义，向全国人大常委会法制工作委员会上书，建议对《城市流浪乞讨人员收容遣送办法》进行违宪审查。随后，5位法律专家再次联合上书，提请对收容遣送制度启动特别调查程序。6月16日，国务院法制办公室举行专家论证会，5位国内著名的法律专家与会。6月20日，国务院发布第381号令，《城市生活无着的流浪乞讨人员救助管理办法》自2003年8月1日起施行；1982年5月国务院发布的《城市流浪乞讨人员收容遣送办法》同时废止。新办法提出了全新的自愿救助的原则，取消了强制手段。

请结合《人文社会科学基础》第七章相关内容的学习，说说上述案例表明当代中国政府进行法制改革的根本指导思想是什么；人文社会科学在推动法制建设的进程中有何社会责任与能动作用。

十四、关于划定小学生交往圈的争议。小学三年级学生施小华的父亲通过排队摸底，把儿子班级里学生分为甲、乙、丙、丁4类。甲类是几个尖子，家长要求小华尽量多与他们交往；乙类的学习成绩与小华差不多，家长关照小华与他们只作一般性交往；丙类的成绩低于小华，家长叮嘱小华尽量少与他们来往；丁类为"差生"，家长严禁小华与他们接触。家长并一再要求老师按照他的标准对小华的交往活动进行监控。一年过后，施某援引"孟母三迁"的故事和"近朱者赤，近墨者黑"的理念，在报刊上介绍了他的上述经验，引起了一场争论。

请结合《人文社会科学基础》第七章和第十章相关内容的学习，对此案例进行评析。

十五、2003年9月教师节前，部分农村优秀的中小学教师到北京出席全国农村中小学优秀教师座谈会，会议组织者为他们安排了一些北京优质学校的参观项目。没想到，几位代表在参观了一所学校后说什么也不想去看了。"看了，反倒觉得难受，心里不是滋味!"他们向报刊记者诉说了农村教育遇到的困难和需求，主要是三大问题：钱卡着农村教育的喉咙；现在农村孩子辍学的不少；农村孩子需要独特的教育方式。据有关资料，2001～2002学年度，中国小学学校中，城市/县镇/农村分别占7.5%/10.6%/81.9%。小学学生中，城市/县镇/农村分别占13.4%/18%/68.6%。小学教师中，城市/县镇/农村分别占15%/19.5%/65.5%。

请结合《人文社会科学基础》第八章和第九章的学习，谈谈你对当代中国教育科学研究的现状及发展方向的看法。

十六、2004 年 4 月 2 曰，浙江哲学社会科学联合会发布该省 2003 年公众人文社会科学素养及需求调查结果。这次调查用随机抽样的方法确定 1920 个样本，被调查者的年龄从 18 岁到 69 岁，覆盖全省 20 个市县的 80 个街道和 160 个社区。结果显示，公众的人文社会科学素养总体达标比例为 7.5%；其中城镇与非城镇公众达标率分别为 11.1%和 3.8%。测量题中相对难度较高的，如“公民就是我们常说的人民群众”（错）、“法律主要是用来惩罚罪犯的”（错）两题的正确判断率分别为 23.7%和 22.3%；“恩格尔系数”、GDP 的知晓度分别为 23%和 10.9%。被调查者倾向于让自己的子女或亲友报考高校名列前三位的专业是医学、理学和工学，名列最末的专业分别是文学（6.9%）、历史学（3.6%）和哲学（2.9%）；被调查者希望听取的人文社会科学知识讲座，经济知识和法律知识类分别占 31.1%和 30.2%，文史哲知识和艺术欣赏类分别占 6%和 5.7%。

请在全面总结《人文社会科学基础》课程学习心得的基础上，回答下面的问题——

①“公众人文社会科学素养”这一概念的内涵是什么？你能准确回答以上概述中所列举的 4 道测量题吗？

②此项调查反映出我们的国民素质和国民教育存在什么突出问题？

③2004 年浙江省高考作文试题的主干部分是这样的：“有关部门调查显示：某省公众的人文社会科学素养总体达标仅为 7.5%，与该省的经济发展颇不相称。该调查认为：人文素养反映了一个人的基本修养与品质，体现了人们处理人与自然、人与社会、人与人之间关系的价值观；缺乏人文素养、失落人文精神，必然会制约个人乃至社会、国家、民族的可持续发展，因此，我们在建设物质家园的同时，应高度重视精神家园的建设。读了上述材料，你有些什么想法呢？请以‘人文素养与发展’为话题，写一篇文章。”如果你是考生，你将怎么写这篇文章？值得注意的是，这道作文试题在

教育界和学术界引起了争议。不少人认为，这是切中时弊、令人耳目一新的好题目。也有人提出批评说，上述试题的提示语并没有真正说清楚人文社会科学素养、人文素养、人文精神、可持续发展这几个重要概念的内涵以及它们之间的关系。你怎么评价这道作文试题的质量？

④提高自身的人文社会科学素养须作长期努力。在掌握了人文社会科学的入门知识之后，你对自己下一步的自学有什么打算？

FU LU SAN 附录（三）

人文社会科学基础综合测试卷举隅

Ⅰ 选择题

一、单项选择题（从下列每小题的四个选项中，用√选出正确的一项。每小题 1 分，共 25 分）

1. 我国把“马克思主义”列为人文社会科学体系中的

A. 边缘学科　　B. 交叉学科

C. 二级学科　　D. 综合性的主干学科

2. 新时期中国人文社会科学开放、重建与发展的战略指针是

A. “实践是检验真理的惟一标准”

B. 拿来主义

C. 正本清源

D. 关于“解放思想，实事求是”的理论

3. 列宁认为，社会主义革命的一项最困难，也是最能收效的任务是

A. 阶级斗争　　B. 教育改革

C. 社会管理　　D. 发展生产

4. 当前，人文社会科学的经济建设功能进一步为人们所认识，最主要原因在于

A. 世界经济一体化

B. 自然科学技术迅猛发展

C. “知识经济”初见端倪

D. 全球金融形势微妙

5. 人文社会科学在长期的历史进程中比较偏重的方法是

A. 定量研究　B. 定性研究

C. 直觉领悟　D. 情感激发

6. 与政治选举的预测一起发展起来的人文社会科学方法是

A. 文献情报法　B. 抽样调查

C. 实地方法　D. 实验方法

7. 霍桑实验所采用的实地方法属于

A. 直接观察　B. 完全参与观察

C. 半参与观察　D. 非参与观察

8. 在中国分化出科学主义和人文主义两股潮流，促进了马克思主义哲学建设的论战是：

A. “科学与人生观论战”

B. 东西方文化关系的论战

C. 中国社会性质的论战

D. 马克思主义与各种主观主义的论战

9. 马克思主义认为，哲学的基本问题是

A. 思维和存在的关系问题

B. 理论和实践的关系问题

C. 自然和社会的关系问题

D. 人和社会的关系问题

10. 马克思主义历史学在中国取得主流地位的时间为 20 世纪

A. 20 年代　B. 30 年代　C. 40 年代　D. 50 年代

11. 经过 20 世纪文艺研究者的努力，当代文艺学的研究范围得到进一步确认。人们形成了这样的共识：构成文艺活动的三要素是

A. 创作主体、作品、接受主体

B. 作家、作品、读者

C. 作家、作品中人物、读者

D. 作者、媒体、受众

12. 结构主义文艺学的产生和发展，大大加深了人们对艺术形式的认识。结构主义文艺学中文艺符号学的代表人物是

A. 克罗齐　　B. 普列汉诺夫

C. 索绪尔　　D. 苏珊·朗格

13. 乔姆斯基把语言学的研究对象转换为

A. 语言结构　　B. 语言行为

C. 语言能力　　D. 符号系统

14. 心理学的研究对象是

A. 人的心灵　　B. 人及动物的心灵

C. 动物的心灵　　D. 人的心理及生理现象

15. 19 世纪中后期，经济学这棵大树分成了两大枝干，裂变为：

A. 西方经济学和马克思主义经济学两大体系

B. 资本主义经济学和马克思主义经济学两大体系

C. 资本主义经济学和西方经济学两大体系

D. 资本主义经济学和社会主义经济学两大体系

16. 马克思和恩格斯的经济学说

A. 以资本学说为基础，以经济危机学说为中心内容

B. 以社会资本再生产学说为基础，以无产阶级贫困化学说为中心内容

C. 以劳动价值学说为基础，以剩余价值学说为中心内容

D. 以资本积累学说为基础，以无产阶级贫困化学说为中心内容

17. 20 世纪中期，成为西方社会学主导性思潮的是

A. 结构功能主义　　B. 实证主义

C. 理解社会学　　D. 精神分析社会学

18. 当代西方法学呈现

A. 分化趋势　　B. 回归趋势

C. 综合趋势　　D. 扩展趋势

19. 对当代人文社会科学影响尤为巨大的高新技术是

A. 生物工程　　B. 信息技术

C. 新材料技术　　D. 新能源技术

20. 20世纪后期，国际社会的时代主题转换为

A. 竞争与发展　　B. 和平与生存

C. 对话与发展　　D. 和平与发展

21. 一般认为，第一个提出“地球村”概念的是一位

A. 政治学家　　B. 经济学家

C. 传播学家　　D. 社会学家

22. 现代自然科学，人文社会科学和工程技术交叉发展而逐渐形成的一组具有高度综合性的新兴学科群是

A. 管理科学　　B. 软科学

C. 计算机科学　　D. 生命科学

23. 马克思主义理论中对于确立科学的教育目的理论具有重大指导意义的学说是

A. 道德学说

B. 社会存在决定社会意识理论

C. 人性论

D. 人的全面发展学说

24. 教育人类学认为，教育的本质功能是

A. 传递　　B. 选择　　C. 积聚　　D. 创造

25. 教育与社区关系以及学校内部社会关系的研究属教育社会学的

A. 宏观层面研究　　B. 中观层面研究

C. 微观层面研究　　D. 综合性研究

二、双项选择题（在下列每小题的五个选项中，有两个是正确的，请用√选出正确的项。多选、少选、错选均无分。每小题1分，共10分）

26. 从14世纪开始至今人文社会科学的发展主要历经了

A. 孕育阶段　　B. 生成阶段

C. 拓展阶段　　D. 衰落阶段

E. 复兴阶段

27. 下列学科中，没有显著阶级倾向性的学科是

A. 心理学　　B. 哲学　　C. 语言学　　D. 政治学

E. 法学

28. 直觉可分为

A. 感性的直觉　　B. 理性的直觉

C. 有意识的直觉　　D. 无意识的直觉

E. 顿悟的直觉

29. 系统论属于

A. 横断科学　　B. 边缘科学

C. 自然科学　　D. 技术科学

E. 系统科学

30. 20 世纪西方哲学发展的两大基本思潮是

A. 科学主义　　B. 实用主义

C. 存在主义　　D. 人本主义

E. 弗洛伊德主义

31. 人类学的两大分支是

A. 民俗学　　B. 社会人类学

C. 体质人类学　　D. 考古学

E. 文化人类学

32. 现代西方经济学主要采用的方法有

A. 辩证方法　　B. 实证方法

C. 历史方法　　D. 规范方法

E. 逻辑方法

33. 作为人文社会科学的两翼，必须同步发展的是

A. 应用科学　　B. 新兴科学

C. 前沿科学　　D. 基础科学

E. 交叉科学

34. 中国现代教育学探索的主要课题

A. 教育观念现代化

B. 教育内容与方法的现代化

C. 比较教育

D. 特殊教育

E. 通才教育

35. 教育经济学面对的新的挑战和机遇主要是

A. 终身教育的提出

B. 杜威教育思想的复兴

C. 知识经济的来临

D. 舒尔茨人力资本论的提出

E. 南北问题的缓解

三、多项选择题（在下列每小题的五个选项中，有三至五个是正确的，请用√选出正确项。多选、少选、错选均无分，每小题1分，共10分）

36. 人文社会科学是

A. 以人的社会存在为研究对象，以揭示人的本质和人类社会发展规律为目的的科学

B. 在现代科学体系中，与自然科学相联结、相对应的一大科学部类

C. 经历了较充分的分化之后逐步走向一体化的人文科学与社会科学的总称

D. 人类理性而系统的自我认识

E. 体现人类最高智慧的复杂而有序的知识大系统

37. 关于广义的文化的界定倾向于将文化划分成三种形态，它们是

A. 制度形态　　B. 知识形态

C. 显意识形态　　D. 物质形态

E. 潜意识形态

38. 实地研究采用的具体研究方法包括

A. 定量研究　　B. 参与观察

C. 直接观察　　D. 个案研究

E. 定性研究

39. 文献研究的种类可分为

A. 历史—比较研究　　B. 现存统计资料分析

C. 内容分析　　D. 案例研究

E. 综合分析

40. 历史学的分支学科有

A. 史学理论　　B. 各专门史

C. 综合史　　D. 分期史学

E. 史学史及史料学

41. 二战以后人类学出现的重要变革是

A. 从古代走向现代

B. 从“异文化”研究到“本文化”研究

C. 从半封闭研究到开放性研究

D. 马克思主义的影响增大

E. 文化人类学的地位下降

42. 二次大战后，社会学的研究对象和研究方法出现以下主导性的发展趋势

A. 研究重心转向现实问题的诊断，研究方法转向综合比较

B. 研究对象复杂化，跨学科交叉研究迅速发展，研究方法复合化

C. 重视人的“内部世界”，越来越多地借助于精神分析方法

D. 研究对象具体化、微型化，主要运用案例研究方法

E. 研究对象沿着时间和空间两个方向拓展，大规模综合比较研究方法逐步走向成熟

43. 在以下所列各项中，准确地揭示了当代科学技术发展形成的思维方式的特点是

A. 从绝对走向相对　　B. 从模糊走向精确

C. 从偶然性走向因果性　　D. 从确定走向不确定

E. 从时空分离走向时空统一

44. 法国学者博索特将跨学科区分为

A. 线性跨学科　　B. 平行性跨学科
C. 多维性跨学科　　D. 结构性跨学科
E. 约束性跨学科

45. 在当代教育心理学领域中拥有广泛影响的学派有
A. 行为主义　　B. 实用主义
C. 机能主义　　D. 认知主义
E. 人本主义

Ⅱ. 非选择题

四、名词解释题（每小题 3 分，共 15 分）

46. 人文科学
47. 定性研究
48. 科学主义
49. 经济学
50. 综合学科

五、简答题（每小题 5 分，共 20 分）

51. 人文社会科学的文化建设功能体现在哪几个方面?

52. 20 世纪自然科学技术的迅猛发展对人文社会科学有哪些积极影响?

53.“精神分析”的核心理念是什么?

54. 简述现代初等教育为什么需要跨学科的研究。

六、论述题（每小题 10 分，共 20 分）

55. 说说人文社会科学与自然科学的区别和联系。这两大科学部类相互关系的发展趋势是什么?

56. 仔细阅读下列材料，试从教育法学、教育心理学和教育哲学的角度，对于开设“课堂法庭”作出评论。

某市一所小学开设了课堂法庭，“审判”不专心听讲的学生。只须由全班学生组成的“法庭”认定某学生干扰了其他学生的学习，就可将该生逐出教室。这所小学还把开设课堂法庭的做法总结成经验，通过媒体广为传播。

答案及评分标准（参考）

一、单项选择题（每小题1分，共25分）

1.D 2.D 3.C 4.C 5.B 6.B 7.C. 8.A 9.A 10.B 11.A 12.D 13.C 14.B 15.B 16.C 17.A 18.C 19.B 20.D 21.C 22.B 23.D 24.D 25.B

二、双项选择题（多选、少选、错选均无分。每小题1分，共10分）

26.BC 27.AC 28.AB 29.AE 30.AD 31.CE 32.BD 33.AD 34.AB 35.AC

三、多项选择题（多选、少选、错选均无分。每小题1分，共10分）

36.ABCDE 37.ABD 38.BCD 39.ABC 40.ABCDE 41.ABCD 42.ABE 43.ADE 44.ADE 45.ADE

四、名词解释题（每小题3分，共15分）

46.答案：人文科学是关于人的本身的学说或者理论体系，是对人的存在、本质、价值和发展等问题以及人的自然、社会、精神属性进行探究的学问。

标准：答出前半句或后半句的均获2分。

表述上不必要求与参考答案字字相符，抓住关键词语，符合基本精神的即可给分。此评分原则适用于“名词解释”诸题。

47.答案：对于事物的质的方面的分析和研究。

标准：核心语词为“质的方面”或“质”、“性质”。

48.答案：就是唯科学主义，一种认为科学万能的思想态度。

标准：教材中多次从不同角度使用“科学主义”这一概念，此处的概括源自第八章，揭示了问题的本质。从思想方法等角度作答的，也应酌情给1分至2分。

49.答案：研究人类社会生产、交换、分配、消费等各种经济活动和各种相应的经济关系，揭示其运行、发展规律的科学。

标准：前半句（对象）2分，后半句（目的）1分。

50.答案：综合两门或两门以上的学科的理论和方法进行科学研究的新学科。

标准：未强调“新”的扣1分。

五、简答题（每小题5分，共20分）

51.人文社会科学的文化建设功能主要体现在哪几个方面？

人文社会科学本身就是一种文化，它的发展，是整个文化事业发展的重要标志；(2分)

人文社会科学发展对另一个科学部类（自然科学）的发展起积极作用；(1分)

教育卫生、文学艺术、新闻出版、体育等多项文化事业，都求助于人文社会科学。(2分)

52. 20世纪自然科学技术的迅猛发展对人文社会科学有哪些积极影响?

自然科学技术的迅猛发展及其复杂后果向人文社会科学提出挑战，也提供机遇；(2分)

自然科学技术发展的多种形态的综合化对人文社会科学的综合化产生重要影响；(1分)

自然科学技术发展的国际化趋势促进了人文社会科学的国际对话和国际合作；(1分)

为人文社会科学研究提供了新的手段和工具。(1分)

53. “精神分析”的核心理念是什么?

一是泛性主义，认为人的生物性情欲是最基本的冲动；(2分)

二是“无意识”理论，认为人的根本心理动机都是无意识的，“无意识”在人的生活中起着决定性作用。(3分)

54. 简述现代初等教育为什么需要跨学科的研究。

由教育的复杂本性所决定；(2分)

由初等教育面临新的时代课题所决定；(2分)

由初等教育科学体系完善化的要求所决定。(1分)

六、论述题（每题10分，共20分。）

55. 说说人文社会科学与自然科学的区别与联系。这两大科学部类相互关系的发展趋势是什么?

（两大部类科学的区别与联系，来自它们各自的研究对象、目的、方法的区别与联系。）（两者最主要的区别在于，人文社会科学研究不但要像自然科学那样回答研究对象“是什么”、“为什么”，通常还要回答“合理不合理”、“应该怎么样”，即还要对研究对象作出直接或间接的价值判断。正因为如此，形成了人文社会科学的个性特征，也是人文社会科学与自然科学的主要区分点：）人文社会科学的个性特征集中表现为一般具有某种价值关联性（1.5分)，它的内容通常具有鲜明的时代性特征，（0.5分）通常体现出一定的民族性，（0.5分）部分学科在有阶级存在的社会发展历史阶段具有某种阶级倾向性（0.5分）。

（但是人文社会科学是科学，具有科学的一般特征，这便是人文社会科学与自然科学的内在联结点：）两者都是一种理论知识体系（1分），都是人类对客观存在的认识过程（1分），是以创新成果为结晶的社会活动（1分），是推动历史发展的实践性力量（1分）。（由于人类本身就是大自然的产物，自然界也越来越多地被打上了人的印记。）两大科学部类的研究对象、目的、方法出现了交叉融合的趋势；它们将最终实现一体化。（3分）

注：括号内的文字与观点不作为对考生答题的要求。

此题允许考生用自己的语言阐述大体符合上述基本思路、观念的体会。如能自成一说，言之有理，应酌情给分，直至满分。

56. 关于某小学开设“课堂法庭”的案例评析

教育法学的角度：这一行为看似“重法”，实则“违法”：从根本上违背了宪法、教育法、未成年人保护法以及国际社会《儿童权利公约》等一系列法律、法规的宗旨、原则与规范，本质上是一种对小学生基本人权的侵害行为，也是对小学生群体的法制观念的误导。（4分）

教育心理学的角度：这一行为无视儿童发展心理的特点和规律，无视儿童在享有人格尊严和心理安全、受到尊重和受集体接纳、获得心理品质发展的帮助和服务等方面的基本心理需求和心理权益，必将导致“违纪”学生心理上的失衡和各种心理障碍，严重的还会造成各种不良人格和心理疾病。同时，这一行为对大多数小学生来说，是一种负面的“心理教育”；对学生家长来说，是一种心理威胁。（3分）

教育哲学的角度：这一行为违背了马克思主义关于人的全面发展学说，违背了素质教育“以学生发展为本，充分保障每一个学生的学习权、发展权，实现每一个学生的主动发展”的基本价值观念。与素质教育的哲学理论方向背道而驰。（3分）

注：表述不要求与参考答案相符，答出要点即可得分。如某单项答案中，能够进一步联系实际、有理论创新，可酌加1～3分。但本题总分不得突破10分。